启航采样·拉市海

巡航·碧塔海

底栖动物分拣·碧塔海

抬船入湖·碧塔海

水下地形测量·纳帕海

撑桨前行·纳帕海

读取数据·大屯海

采样前准备·大屯海

安装采样船·大屯海

苦中作乐·大屯海

底栖动物分拣·鹤庆草海

准备采样·海西海

准备启航·云龙天池

沉水植物采样·云龙天池

鱼探仪安装·云龙天池

考察队员们·云龙天池

雨中作业·云龙天池

记录数据·属都湖

设备调试·长桥海

水中作业·长桥海

考察队员们

雨中作业·剑湖

采样开始了·三角海

浮游生物采样·茈碧湖

云南1平方千米以上天然湖泊的初步调查

编　　　著：孔德平　赵　磊

其他编著人员：赵海光　范亦农　赵琳娜　白晓华
　　　　　　　董云仙　张淑霞　宋　迪　王俊松
　　　　　　　谭志卫　聂菊芬　陈毅良　舒树森
　　　　　　　秦　涛　张恒明　张军莉　王志芸
　　　　　　　张晓旭　余艳红　李跃青　陈　静
　　　　　　　戴　丽　李　杰　马　杏　张石文

云南大学出版社
YUNNAN UNIVERSITY PRESS
·昆　明·

图书在版编目（CIP）数据

云南省1平方千米以上天然湖泊的初步调查 / 孔德平,赵磊编著. -- 昆明：云南大学出版社，2019
ISBN 978-7-5482-3798-3

Ⅰ. ①云… Ⅱ. ①孔… ②赵… Ⅲ. ①湖泊－调查报告－云南 Ⅳ. ①K928.43

中国版本图书馆CIP数据核字(2019)第223806号

策划编辑：张丽华
责任编辑：张丽华
封面设计：任 微

云南1平方千米以上天然湖泊的初步调查

孔德平　赵　磊◎编著

出版发行：	云南大学出版社
印　　装：	昆明理煌印务有限公司
开　　本：	787mm×1092mm 1/16
彩色插页：	4
印　　张：	8
字　　数：	180千
版　　次：	2019年10月第1版
印　　次：	2019年10月第1次印刷
书　　号：	ISBN 978-7-5482-3798-3
定　　价：	100.00元

地　　址：昆明市一二一大街182号（云南大学东陆校区英华园内）
邮　　编：650091
发行电话：0871-65033244　65031071
网　　址：http://www.ynup.com
E-mail：market@ynup.com

若发现本书有印装质量问题，请与印厂联系调换，联系电话：0871-64167045。

前 言

湖泊作为陆地水圈的重要组成部分，参与自然界的水分循环、物质循环和能量循环，在区域气候、生物等条件作用下形成特有的生物地球化学特征，每一个湖泊都既具有区域特征，同时也具有鲜明的个体特征，是一个完整的生命系统。从生态学的角度而言，湖泊由水体中的生物（包括生产者、消费者和分解者等各类生物）和以水为主体的环境（非生物）两大亚系统所组成，同时流域作为湖泊主要的物质和能量来源，与湖泊组成不可分割、相互有机联系和作用的共同体。因而，湖泊具有多种功能。从生态系统的角度而言，湖泊具有重要的保存特有物种、为各类物种提供生存空间的功能。从人为利用的角度而言，湖泊能调节河川径流、减轻洪涝灾害和改善湖区生态环境，具有灌溉农田、发电、提供生产生活用水的作用，同时兼有旅游观光之利。湖泊是宝贵的天然资源，是国土资源的重要组成部分。

我国幅员辽阔，湖泊众多。自 20 世纪 60 年代至 80 年代我国陆续开展了全国范围的湖泊资源调查。结果显示，我国共有面积大于 $1km^2$ 的湖泊 2928 个，总面积 $91019.6km^2$。按照地理区位，我国的湖泊可分为五大湖区，分别为青藏高原湖区、蒙新湖区、云贵高原湖区、东北平原与山地湖区、东部平原湖区。受区位地貌特征及其诱导的东亚季风和南亚季风气候影响，我国各个湖区的湖泊呈现出鲜明的区域特色。如青藏高原湖区以闭流咸水湖和盐湖为主；东部平原湖区的湖泊多为洪泛沉积湖泊，湖泊、河流关系密切，多为淡水湖，且受人为干扰严重。云南省的高原湖泊数量上约占云贵高原湖区的 50%，面积上约占 90%，区域内的湖泊得到西南季风带来降水的补给，均为外流淡水湖（程海除外），均位于大的断裂带，是典型的断陷构造湖泊，在大河水系的分水岭地带，具有出流很小的半闭流特点；同时，云南省高原湖泊在不同层面呈现出较为丰富的多样性和独特性，主要表现为湖泊群中深水湖与浅水湖的差异、营养化进程间的差异、水质本底的差异、流域内物质输入过程的差异、生态系统结构的差异、气候条件的差异等，这些差异与各湖泊流域的社会文化和经济发展水平等方面的差异叠加，使得各湖泊及其流域在生态环境方面的个性特征得到不同程度的显现。

据历史文献记载，云南省 $1km^2$ 以上的天然湖泊共计 50 余个。但受多种因素，特别是 20 世纪 50 年代到 70 年代的大规模围湖造田等影响，由于忽视对湖泊的有效保护和管理，致使湖泊面积持续萎缩，湖泊资源被过度利用，湖泊功能大大削弱，湖泊不断消失。在国家层面，2010年开展了"中国湖泊水质、水量与生物资源调查"科技基础工作专项调查，但由于该专项调查涉及面极广，难以针对每个湖泊进行详细调查。为了摸清云南省$1km^2$以上天然湖泊现状，为云南省湖泊资源的合理利用、环境保护与生态修复提供基础数据支撑，在云南省九湖专项"云南省$1km^2$以上天然湖泊调查"的支持下，云南省生态环境科学研究院的科研人员对云南省$1km^2$以上天然湖泊的分布、数量、水质及水生态进行了全面调查。专项调查工作得到了云南省生态环境厅、昆明市、红河州、文山州、玉溪市、大理州、丽江市、迪庆州等相关州市环保局的大力支持，在此深表感谢。

编著者
2019年8月

目 录

1 总 论 ··· (1)
　1.1 调查目标与方法 ··· (1)
　1.2 云南高原湖泊分布 ·· (8)

2 滇中湖群 ·· (11)
　2.1 清水海 ·· (11)
　2.2 月　湖 ·· (15)
　2.3 海峰湿地 ··· (19)

3 滇西湖群 ·· (23)
　3.1 茈碧湖 ·· (23)
　3.2 西　湖 ·· (27)
　3.3 海西海 ·· (32)
　3.4 天　池 ·· (36)
　3.5 剑　湖 ·· (39)
　3.6 青海湖 ·· (43)
　3.7 莲花池 ·· (47)
　3.8 拉市海 ·· (49)
　3.9 文　海 ·· (54)
　3.10 纳帕海 ·· (56)
　3.11 碧塔海 ·· (59)
　3.12 属都湖 ·· (62)

4 滇南湖群 ·· (66)
　4.1 长桥海 ·· (66)
　4.2 大屯海 ·· (69)

4.3 三角海 ·· (73)
4.4 普者黑 ·· (77)
4.5 差黑海 ·· (81)
4.6 摆龙湖 ·· (84)

5 结 论 ·· (87)
   5.1 水质特征 ··· (87)
   5.2 浮游植物特征 ·· (89)
   5.3 浮游动物特征 ·· (101)
   5.4 大型水生植物特征 ·· (103)
   5.5 底栖动物特征 ·· (104)

附 录 ·· (111)

1 总 论

1.1 调查目标与方法

1.1.1 调查目标

湖泊流域构成了一个完整的物质流、信息流和能量流系统，流域本身固有的地理生态属性与人类行为叠加构成了湖泊流域动态变化的复杂图景，构成湖泊的数据涵盖了社会经济、水质水量、水文气象、水生态等极为广泛的内容。但深入了解掌握湖泊的数据全景非一朝一夕之功，需要进行全面的调查。

鉴于此，为填补空白并满足基本的管理需求，本次调查的目标和内容集中于准确、真实地摸清云南省大于 $1km^2$ 的湖泊数量、分布、水域面积、流域面积、基础社会经济、水质和水生态等基础数据，其中水生态以藻类、浮游动物、底栖动物、大型水生植物四个基本生态组分为主；基础社会经济数据来源于各小湖泊所在地 2006 年、2010 年、2012 年的国民经济与社会发展相关规划。调查结果拟为今后的湖泊管理提供统一、确切的数据口径。

1.1.2 湖泊空间分布、面积及流域边界

（1）数据源

使用的数据主要是卫星遥感影像和地形图，同时参考了历史文献资料，其中卫星遥感影像主要用于湖泊边界的提取、湖泊存在及其数量的核对等，地形图主要用于流域边界的划定、卫星遥感影像的矫正等，其他资料主要用于湖泊存在与否的判断与核实。卫星遥感影像的选取满足以下原则：①单景影像的平均云量小于20%，湖泊上空无云覆盖；②以空间分辨率 20~30m 左右的卫星影像（Landsat TM/ETM）为主，其他高分辨率的卫星影像为辅；③由于云南自 2009 年后连续 4 年干旱，因此影像以 2008 年为主，参考 1990 年、2000 年、2006 年影像。

（2）湖泊边界确定原则

①有堤防控制（包括人工堤和自然堤）或已经明确堤线的湖泊，以堤防的内边界作为

湖泊边界。②以丰水期的影像为基准确定湖泊边界线,各年影像水体面积大小不一致时,选面积较大者;若影像出现干涸,则选择有水年份划定边界;多数湖库边界以 2008 年为基准,若 2008 年影像水体较小,则选择水体较大年份划定。若 2008 年影像没有水体,则选择其他有水年份划定,最早时间为 1990 年。③重点湖泊的边界确定,采用已有的相关研究成果。④湖泊边界内的所有面积均算做湖泊面积,包括水面面积、岛屿面积、围垦面积和滩地面积。

（3）流域边界确定

采用地形图生成并根据相关水利资料进行边界调整,对于重点湖泊的流域边界确定,采用已有的相关研究成果。

1.1.3 湖泊样品采集与水质分析方法

1.1.3.1 采样点位

由于九大高原湖泊在基础数据、水质、水生态等方面已有良好的数据基础,本次调查的实地采样以其他 $1km^2$ 以上湖泊为主,九大高原湖泊以资料收集为主。

根据湖泊形状,在湖泊长轴线上布设三个采样点,采集表层水样,具体湖泊采样点坐标见表 1-1。

表 1-1 湖泊采样坐标

湖泊	点位编号	经度	纬度
清水海	1	103.1086569	25.61280812
清水海	2	103.1081083	25.60052332
清水海	3	103.10768	25.589097
月湖	1	103.4446111	24.84175
月湖	2	103.4473333	24.84266667
月湖	3	103.46075	24.83413889
海峰湿地	1	103.62175	25.74997222
海峰湿地	2	103.6270833	25.75411111
海峰湿地	3	103.6295	25.76052778
纳帕海	1	99.63438889	27.88872222
纳帕海	2	99.64108333	27.87658333
纳帕海	3	99.64830556	27.86536111

续 表

湖泊	点位编号	经度	纬度
碧塔海	1	99.97388889	27.82583333
	2	99.98611111	27.82694444
	3	99.995	27.82166667
属都湖	1	99.94213889	27.90788889
	2	99.952	27.90869444
	3	99.95444444	27.91458333
拉市海	1	100.1356667	26.88138889
	2	100.1374167	26.87825
	3	100.1356389	26.87205556
文海*	1	100.1333	26.9500
茈碧湖	1	99.93730556	26.17925
	2	99.94058333	26.16661111
	3	99.95361111	26.14416667
海西海	1	99.95894444	26.27061111
	2	99.96280556	26.28188889
	3	99.96894444	26.28969444
西湖	1	100.0361944	26.01966667
	2	100.04325	26.01833333
	3	100.0483056	26.013
剑湖	1	99.92138889	26.48638889
	2	99.93666667	26.48527778
	3	99.93852778	26.49783333
青海湖	1	100.5972778	25.4445
	2	100.6031667	25.44580556
	3	100.6094722	25.43902778
莲花池*	1	100.6333	25.5000
天池	1	99.27191667	25.86655556
	2	99.27686111	25.86988889
	3	99.28222222	25.87155556

续 表

湖泊	点位编号	经度	纬度
大屯海	1	103.3062222	23.41463889
	2	103.3099167	23.43008333
	3	103.3119444	23.44305556
长桥海	1	103.3462277	23.44317077
	2	103.3678108	23.43732696
	3	103.3792012	23.43020706
三角海	1	103.3067222	23.598
	2	103.2972222	23.58944444
	3	103.2999722	23.574
普者黑	1	104.0801944	24.17583333
	2	104.0888333	24.15616667
	3	104.1138333	24.14163889
差黑海*	1	103.8778	23.6809
摆龙湖	1	103.9775	24.13194444
	2	103.9856389	24.13766667
	3	103.9945556	24.14061111

* 因湖泊大部分干涸，仅采集一个样品

1.1.3.2 水质指标分析方法

本次调查的水质指标为《地表水环境质量标准》（GB3838-2002）中的24项基本项目，水质检测采用《地表水环境质量标准》（GB3838-2002）规定的标准方法。

此外，为了了解各个湖泊的富营养化状况，调查增加了透明度和叶绿素 a 两项指标；其中，透明度采用黑白盘法现场测定，叶绿素 a 采用丙酮萃取分光光度法测定。

1.1.3.3 藻类采集与分析方法

（1）样点设置

定性样品采样点设置：定性样品的采样原则是尽可能采到该湖的藻类标本，因此，采样点设置有典型样点和随机样点两类，典型样点与定量样品采样点和水质分析采样点同，随机样点依据入湖河流情况、污染物入湖情况、水草分布情况等小生境确定。采集定性样品时，注重采集附着生活的类群，包括附着于水草、木头、石块上的种类。

定量样品采样点设置：定量样品的采样原则是采集到该湖沿岸带和敞水带的典型样点，为便于与水体中营养元素含量水平进行相关分析，样点的设置与水化学分析样点的设置一致。

（2）采样时间

与水质分析采样和其余生物类群采样时间同。

（3）野外采样方法

定性样品用 25 号浮游生物网捞取，附着生活的类群清洗于桶中，样品经 25 号浮游生物网过滤，将留存于生物网中的样品转移入样品瓶，现场加鲁哥氏液进行固定，如需长期保存，添加甲醛溶液。

定量样品用有机玻璃采水器采集湖面下 0.5m 处表层水 1L，装入事先准备好的样品瓶中，现场加固定剂进行固定。

（4）室内研究方法

带回实验室后的定性样品作藻类的鉴定用。藻类依据《中国淡水藻类——系统、分类及生态》（科学出版社，2006 年）、《中国淡水藻类》（上海科学技术出版社，1980 年）、《中国淡水藻类志》第一至第十六卷（科学出版社，1988～2012 年）、《藻类学》（上海科学出版社，1980 年）、《硅藻彩色图集》（海洋出版社，1996 年）和《西藏藻类》（科学出版社，1992 年）等进行鉴定。

带回实验室后的定量样品，静置沉降 24h，轻轻滗去上清液，再沉降，再滗去上清液，如此重复，直至浓缩至适宜浓度，依据藻类含量多少定量至 30～100mL，做好处理过程和定容体积记录，作为定量样品的试样，依据定量样品种类鉴定，如群体种类较多，需加入一道超声波处理程序，先用细胞破碎仪破碎群体胶被，待藻类群体破碎为单个细胞后，再充分摇匀样品，立即用 0.1mL 移液管枪取 0.1mL 试样转移入计数框中，封盖后置于 400 倍显微镜下进行种类的鉴定和计数，计数结果最后换算成 1L 样品中的藻类细胞数量。

1.1.3.4　大型水生植物采集与分析方法

根据大型水生植物形态特征和生态习性的不同，可将其分为四种生活型（life form）：挺水、漂浮、浮叶根生和沉水植物。在本项目中，根据云南省实际情况和湖泊生物多样性保护的需要，所调查的大型水生植物也仅仅涉及这四类水生植物，不包括湿生、沼生植物，其中以沉水植物的调查为主，并且水生植物生物量、优势种的调查等也仅涉及沉水植物。

（1）大型水生植物种类调查

根据湖泊形态、水文情况、植物的分布等设置断面。断面最好是平行排列，或以"之"字形沿湖岸调查。断面与断面的距离一般为 50～100m，断面上的定点距离一般为 100～200m（可根据实际情况而定）。断面上定点数目最好为奇数，断面中间应设一个点，没有大型水生植物的地区可不必设点。

主要采集水深在3m以内的种类，用以带回实验室进行分类鉴定，准确地定出新采得的大型水生植物的种、属名称。浮叶植物可连根拔起，选择1~3片带叶柄的浮叶、花、果实；漂浮植物可用带柄手网（10目）采集，沉水植物可用拖草器或徒手采集；对植被分布和群落结构的观察同时进行；将新采到的不同种类做成压制标本，每号标本至少制成两份，经鉴定后保存。每采集一种植物，必须立即做好采集记录，贴上采集标签。

（2）沉水植物的定量采集和生物量统计

沉水植物的生物量，用水草定量夹（完全开口时网的各边长50cm，面积共计为$0.25m^2$。尼龙网长90cm左右，网孔大小为3.3cm×3.3cm）采集，将采集的$0.25m^2$样方内的全部植物连根拔起，每点采两次，将网内植物洗净，装入已编号的样品袋内。在室内取出袋内植物，去除根、枯枝、败叶及其他杂质，去除植物体表多余的水分，分种类称重（湿重）。最后换算成每平方米面积内各种大型水生植物的重量（湿重）。

1.1.3.5 浮游动物样品采集与分析方法

（1）定性标本的采集

分别用13号和25号筛绢制成的浮游生物网捞取。13号网主要用来采集枝角类、桡足类和大型轮虫，25号网主要用来采集轮虫和原生动物。收集的标本加入甲醛溶液固定，终浓度为4%，带回实验室进行种类鉴定。

（2）定量标本的采集

原生动物和轮虫的定量标本采集，取1L水样加入鲁哥氏液固定，终浓度为1.5%，然后倒入有刻度的沉淀器定容，静置24h后，用虹吸管吸取上层清液，并把沉淀物倒入已标定容积（50mL）的小塑料瓶中。桡足类和枝角类的定量标本采取，取10L水样经25号筛绢制成的浮游生物网滤缩后注入标本瓶中，加甲醛溶液固定，终浓度为4%，带回实验室进行种类定量统计。

（3）种类鉴定和计数

所有标本尽量鉴定到种，不能完全确定的种类，鉴定到属。鉴定依据的主要文献为：原生动物主要依据《原生动物学》、轮虫主要依据《中国淡水轮虫志》、枝角类主要依据《中国动物志·淡水枝角类》、桡足类主要依据《中国动物志·淡水桡足类》。

计数按《淡水浮游生物调查研究方法》中的方法进行，即轮虫取上述沉淀水样1mL全片计数；原生动物取上述沉淀水样0.1mL全片计数，一般计数两片并取平均值；浮游甲壳动物是将经网滤缩后样品全部计数。然后将所得数值换算成每升水中的个数。

1.1.3.6 底栖动物样品采集与分析方法

生物标本的采集及处理依据《内陆水域渔业自然资源调查手册》（张觉敏、何志辉等主编)、《淡水生物资源调查方法》(中国科学院水生生物研究所制定)、《渔业生态环境监测规范》(SC/T9102-2007)、《中国生态系统研究网络观测与分析标准方法——湖泊生态调查观测与分析》(孙鸿烈、刘光崧主编)以及《湖泊采样技术指导》(GB/T 14581-93)等标准进行,具体方法如下。

底栖动物定性标本的采集使用 $1/16m^2$ 的彼得生采泥器。采得的泥样经60目筛网筛洗后,置于解剖盘中将动物捡出,个体较小的底栖动物用湿漏斗法分离。捡出的动物用5%的甲醛溶液固定,然后进行种类鉴定、计数及称量。

底栖动物标本鉴定参考的主要资料有《中国小蚓类研究——附中国南极长城站附近地区两新种》、《云南湖泊寡毛类环节动物研究》、*Aquatic Oligochaeta of the World*(《世界水栖寡毛类》)、*Identification Manual for the Larval Chironomidae (Diptera) of North and South Carolina* [《南北卡罗来纳州摇蚊科(双翅目)幼虫鉴定手册》] 和 *Aquatic Insects of China Useful Monitoring Water Quality*(《可用于水质监测的中国水生昆虫》)。

1.1.3.7 鱼类调查方法

采用水声学声呐探测、鱼获物标本采集、历史资料分析、渔民访谈相结合的方法进行鱼类资源量和鱼类种群调查。

(1) 水声学仪器

以声呐技术为基本原理的水声学评估是20世纪60年代以来逐渐发展和完善起来的渔业资源量调查和评估的跨时代方法。该技术方法采用船舶走航式回声信号积分,对调查航线内的表层和底层盲区以外的整个水域的鱼类生物量和水层分布进行评估调查。其优点是:方便快捷、调查范围广、不损害生物资源、准确估算鱼类密度和水层分布数据齐全。

本次水声学鱼类资源量调查所使用仪器为美国 Biosonics 公司生产的 DT—X 型号科学回声探测仪(6.5°分裂波束数字换能器,工作频率为197kHz)。采用探头垂直向下探测,将换能器用标准配置铁架固定于船舷,入水约0.5m,波束与水面呈15°倾斜。利用 Panasonic Tough Book 30 便携式笔记本电脑安装的 Biosonics Acoustition 6.0 软件进行水声学数据的记录采集,调查过程中换能器脉冲频率为4pps,脉冲宽度为0.4m/s,数据采集阈值为-130dB,数据记录区域为探头以下到底层0.5m以上的区域。采集数据前,使用36mm的碳化钨标准球对仪器进行校准。

(2) 调查方法

在2013年10~12月,采用水声学方法对云南多个小湖泊湖区进行了鱼类资源量和空间水层分布评估调查。水声学调查通常选择天气多云间晴、风速较小、湖面较平静的日子进行。使用当地渔业管理公司调查船或橡皮艇进行"之"字形走航式调查,航速约为5km/h,同时采用 Garmin Oregon 450 导航仪导航,总长度根据湖泊水域面积大小而定。

本次云南高原小湖泊鱼类资源量调查主要包括十八个湖区,隶属于七个州市十四个县，跨越云南南北区域，覆盖面之广是前所未有的。调查中发现属都湖、碧塔海、海西海、茈碧湖、剑湖、清水海、天池、大屯海、长桥海和摆龙湖十个湖区常年有水，且湖中敞水区域较广，有利于开展鱼探仪的水声学鱼类资源调查。月湖、拉市海、青海湖和西湖四个湖区常年积水，但整个湖区水较浅、水草较多，鱼探仪无法开展鱼类资源量调查工作，故在这些湖区主要通过网具采集鱼类标本，记录沿湖渔民渔获物和访问调查。纳帕海、海峰湿地和普者黑等湖区，前者是季节性湖区，雨季水域面积较广，旱季却仅仅有部分区域有水面，后两者也是集水区很浅，都不利于鱼探仪水声学鱼类资源量的调查工作。

（3）渔获物标本采集

2013 年 10~12 月，云南小湖泊调查的湖区均采用三层刺网（网长度约为 2000m，网目大小分别为 80mm、50mm、30mm）和地笼（长 10m、宽 0.5m、高 0.5m，网目大小为 1mm）等工具在相应湖泊随机选取三个区域进行取样调查。第二天早晨收集网具，并对渔获物进行分类、计数，统计记录各种鱼的全长、体长、体重数据。最后将所有标本保存到 10% 的甲醛溶液中。

（4）数据处理

记录采集的水声学数据采用澳大利亚公司生产的软件 Echoview 5.0 进行分析。单体回声识别参数设置：回波阈值（Echo Threshold） -60dB，时变增益（TVG）40 lgR。排除回声影像图水面以下 1m 和底线以上 0.5m 的回声信号积分盲区，以 300 个 Ping 为间隔和 3~10m 水层为一个分析单元，将回声影像图分成多个分类计数单元。正如附录 3 所示，属都湖湖面面积 5.0km^2，共收到 2054 个回声信号，根据实地调查：湖中优势种鱼类为鲤鱼和鲫鱼，平均体长约为 17.6cm，根据相关的水声学目标强度体长经验公式推算，可以得到该湖区的鱼类平均目标强度为 -51.04±0.05dB，整个湖区鱼类密度约为 0.05 ind./m^3，数量总数约为 125000 ind.，鱼类资源总量约为 6.25t。其他湖泊的结果以同样的方法依此类推。

生物学数据的统计分析采用 Excel 2003 和 SPSS 17.0 软件操作。鱼类标本依据《云南鱼类志》（褚新洛、陈银瑞，1989、1990）、《中国动物志 硬骨鱼纲 鲤形目（中卷）》（陈宜瑜等，1998）和《中国淡水鱼类检索》（朱松泉，1995）进行鉴定。

1.2 云南高原湖泊分布

云南省 1km^2 以上天然湖泊共计三十个（包括九大高原湖泊）（总体分布状况见表 1-1），湖泊水体总面积 1143.5km^2，流域总面积 14868.69km^2，分别分布在昆明市、迪庆州、大理州、红河州、玉溪市、丽江市、文山州和曲靖市八个州市；其中水面面积大于

300km² 的湖泊一个（滇池），水面面积 100～300km² 的湖泊两个（抚仙湖、洱海），水面面积 30～100km² 的湖泊六个（程海、泸沽湖、杞麓湖、星云湖、阳宗海、异龙湖），水面面积 10～30km² 的湖泊三个（纳帕海、长桥海、大屯海），水面面积 5～10km² 的湖泊四个（清水海、茈碧湖、拉市海、普者黑），水面面积 1～5km² 的湖泊十四个。拥有湖泊数量最多的州市是大理州，共计八个湖泊；昆明市、丽江市、红河州均有四个湖泊；玉溪市、迪庆州、文山州均有三个湖泊；曲靖市仅有一个湖泊。

本书的调查范围涵盖了九湖以外的二十一个天然湖泊。在数据整理分析过程中，笔者将九大高原湖泊的相关数据引入，进行了三十个天然湖泊的比较。

表 1-2　云南省天然湖泊分布状况

编号	名称	所在州市	湖面面积（km²）	流域面积（km²）
1	滇池	昆明市	309	2920
2	清水海	昆明市	5.21	33.1
3	阳宗海	昆明市	31.13	1770
4	月湖	昆明市	1.69	23.35
5	洱海	大理州	251	2565
6	茈碧湖	大理州	8.39	372.77
7	西湖	大理州	3.27	588.7
8	海西海	大理州	3.84	240.39
9	天池	大理州	1.16	14.53
10	剑湖	大理州	4.81	821.45
11	青海湖	大理州	3.41	440.4
12	莲花池	大理州	4.12	111.72
13	抚仙湖	玉溪市	216.6	675
14	杞麓湖	玉溪市	37.26	354.2
15	星云湖	玉溪市	34.33	378
16	泸沽湖	丽江市	57.7	247.6
17	程海	丽江市	74.6	318.3
18	拉市海	丽江市	7.62	211.28
19	文海	丽江市	2.2	23.67
20	异龙湖	红河州	31.0	360.4

续　表

编号	名称	所在州市	湖面面积（km²）	流域面积（km²）
21	长桥海	红河州	10.24	167
22	大屯海	红河州	10.98	284.55
23	三角海	红河州	2.3	460.1
24	纳帕海	迪庆州	14.98	669.2
25	碧塔海	迪庆州	1.69	18.86
26	属都湖	迪庆州	1.44	22.62
27	普者黑	文山州	5.5	285.1
28	差黑海	文山州	2.8	72.66
29	摆龙湖	文山州	3.24	251.3
30	海峰湿地	曲靖市	1.99	167.44
合计			1143.5	14868.69

2 滇中湖群

2.1 清水海

2.1.1 自然概况

(1) 地理位置

清水海古称车湖，又名西湖。位于昆明市寻甸回族自治县仁德镇西 14km 处。地理坐标为东经 103°06′~103°07′，北纬 23°35′~25°27′之间，现湖泊水面面积 5.21km²，流域面积 33.10km²。

(2) 气　候

流域属亚热带高原季风气候，年平均气温 14.4℃，1 月平均气温 6.8℃，极端最低气温 -13.9℃，7 月平均气温 20.1℃，极端最高气温 34.6℃。多年平均日照时数为 2079.3h，无霜期 229d，年平均降水量 1030.8mm，最大年降水量 1328.3mm，最小年降水量 845.7mm。雨季集中于 5~10 月，约占年降水量的 88.4%。盛行西南风，年均风速 1.9~2.8m/s，最大风速 22.0m/s。

(3) 地质地貌

寻甸县境内从远古到新生界地层均有出露。距今 8000 万~6000 万年，强烈的喜马拉雅运动使区域水平岩层褶皱、断裂、隆起，形成现在的构造格局。构造以南北向和北东向断裂为主，小江断裂带呈南北向纵贯寻甸县中部。该构造带宽达 20km，主要由嵩明—沧溪大断层、寻甸—攻山大断层及其旁侧的同向褶皱，东西向及北东向断层和新生代盆地组成，分布在县东南和西部。属中山—高原地形，呈高中山、中山、低中山、高原湖盆及岩溶丘原地貌复合景观。地貌景观差异明显，形成于第三纪至第四纪。受构造、侵蚀、剥蚀、岩溶及堆积作用控制，可分为构造侵蚀地貌、溶蚀地貌、堆积地貌等。

(4) 土壤植被

寻甸县属于华南亚热带森林土壤区，常绿阔叶林红壤和砖红壤化红壤地带的滇东高原砖红壤化红壤县，全县共10个土类、15个亚类、36个土属、71个土种。寻甸地处北亚热带植被区，由于人类活动的影响，原生植物群落已大部分消失。现代植被为次生叶林、灌木丛。县境内森林以天然森林为主，占森林面积的96.5%，主要树种有华山松、油杉、栓皮栎、黄毛青冈灌木林等针叶和针叶阔叶混交林。森林覆盖率为33.71%，牧草地有天然草地和改良草场、人工草场三类。

2.1.2 社会环境概况

（1）行政区划

清水海流域位于昆明市寻甸县，涉及1个街道办事处2个乡镇9个村委会，分别为仁德街道办事处的5个村委会（张所、多姑、摆宰、新田、草海子）、甸沙乡的2个村委会（海尾、苏撒坡）、功山镇的2个村委会（以则、朵马嘎）。

（2）经济状况

甸沙乡主要农作物有水稻、玉米、小麦、马铃薯、烤烟、油菜、荞子等。粮食总播种面积为51024亩，总产量为11839吨，人均产粮629千克；2012年，烤烟产量达1725.8吨，产值4571.25万元。

2012年，功山镇全镇农村经济总收入为14385万元，农林牧渔业现价总产值为21555万元，全镇固定资产投资9571万元，农民人均可支配现金收入为1523元，城镇居民可支配收入为16050元。

仁德街道城镇居民人均可支配收入为15656.41元，农民人均纯收入达3652元，实现粮食总产4932.77万千克，实现农业总产值6亿元。牲畜存栏209980头（匹、只），牲畜出栏276390头（匹、只）。肉类总产为23019.4吨，产禽蛋2599.5吨，羊毛产量16.6吨。畜牧业产值为25970.7万元，畜牧业收入为17504.2万元。烤烟种植"云87" 2.07万亩，收购5.71万担，产值6200万元。

（3）土地利用

流域内主要的土地利用类型为林地（含有林地和灌木林地），约占流域总面积的83%。土地利用状况见表2-1。

表2-1 清水海流域土地利用现状

序号	土地利用类型	面积（km²）	所占比例（%）
1	有林地	13.18	39.82
2	灌木林地	14.25	43.05
3	水库坑塘	4.98	15.05

续 表

序号	土地利用类型	面积（km²）	所占比例（%）
4	农村居民用地	0.14	0.42
5	其他建筑用地	0.38	1.15
6	裸岩石砾地	0.17	0.51
	合计	33.1	100

2.1.3 水 质

清水海水质类别总体为Ⅲ类，TN 0.85~0.90mg/L，均值 0.87mg/L；TP 0.014~0.017mg/L，均值 0.016mg/L；NH_4^+-N 0.0072~0.023mg/L，均值 0.0132mg/L；COD_{Mn} 1.66~1.76mg/L，均值 1.72mg/L；Chl a 0.82~1.30μg/L，均值 1.01μg/L；透明度 2.4~3.2m，均值 2.8m；富营养化指数为 33.5，处于中营养状态。

2.1.4 藻 类

浮游植物种类丰富，以硅藻门种类较多为特征，优势种：钝脆杆藻（*Fragilaria capucina*）；常见种：水华微囊藻（*Microcystis flosaquae*）、密集微囊藻（*M. densa*）、隐藻（*Cryptomonas sp.*）、栅藻（*Scenedesmus spp.*）、卵囊藻（*Oecystis spp.*）。浮游植物数量 71.31~654.78×10^4 cells/L，平均数量 274.77×10^4 cells/L。数量结构中，蓝藻门占 78.0%；绿藻门占 11.7%；隐藻门占 6.3%；硅藻门占 3.0%；裸藻门占 0.8%；甲藻门占 0.1%；黄藻门占 0.1%。浮游植物种群结构指示水质尚好，湖泊营养化水平处于贫—中营养阶段，但是，微囊藻属数量上升，在群落结构中的比重增加，应引起足够重视。

2.1.5 大型水生植物

水生植物分布于湖岸带水深较浅处，主要呈斑块状或带状分布。水生植物以沉水植物为主，群落类型为黑藻群落、轮藻类群落、穿叶眼子菜群落和竹叶眼子菜群落等，全湖分布最广的水生植物为黑藻，其次为竹叶眼子菜和穿叶眼子菜；各群落伴生其他水生植物；在湖岸边偶见水蓼，呈点状分布；水生植被覆盖度为 5% 左右。

采集到 10 种大型水生植物（见表 2-2），其中 9 种沉水植物，1 种挺水植物。

在湖内，随机进行定量采样 3 次，生物量为 306.8~6732 g/m²·FW，平均为 2838.1 g/m²·FW；其中，黑藻占 78.8%，竹叶眼子菜占 16.0%，优势种为黑藻。

表 2-2 清水海大型水生植物名录

序号	中文名	拉丁名	所属科名	生活型
1	轮藻类	Charophyta	轮藻科	沉水
2	黑藻	*Hydrilla verticillata*	水鳖科	沉水
3	竹叶眼子菜	*Potamogeton malaianus*	眼子菜科	沉水
4	微齿眼子菜	*Potamogeton maackianus*	眼子菜科	沉水
5	篦齿眼子菜	*Potamogeton pectinatus*	眼子菜科	沉水
6	大茨藻	*Najas marina*	茨藻科	沉水
7	穗状狐尾藻	*Myriophyllum spicatum*	小二仙草科	沉水
8	穿叶眼子菜	*Potamogeton perfoliatus*	眼子菜科	沉水
9	草茨藻	*Najas graminea*	茨藻科	沉水
10	水蓼	*Polygonum hydropiper*	蓼科	挺水

2.1.6 浮游动物

浮游动物优势种是僧帽肾形虫（*Colpoda cucullus*）、纤毛虫（Ciliate）、短棘螺形龟甲轮虫（*Keratella cochlearis micracantha*）、广布多肢轮虫（*Polyarthra vnlgaris*）、蚤状溞（*Daphnia pulex*）、剑水蚤桡足幼体和无节幼体。浮游动物物种较丰富，但密度较低，原生动物、轮虫、枝角类和桡足类密度分别为400个/L、75个/L、0.2个/L和0.7个/L。

2.1.7 底栖动物

本次调查中在清水海采集到8种底栖动物，其中寡毛类环节动物和软体动物各3种，水生昆虫2种，其中霍甫水丝蚓（*Limnodrilus hoffmeisteri*）、苏氏尾鳃蚓（*Branchiura sowerbyi*）、纹沼螺（*Parafossarulus striatulus*）和长角涵螺（*Alocinma longicornis*）为优势种，其他种类均零星出现。该湖的底栖动物平均密度为744.0 ind./m^2，寡毛类环节动物占优势；平均生物量为55.19 g/m^2，软体动物占优势。

2.1.8 鱼 类

高礼存在1990年的调查记录显示，清水海一共有鱼类10种，包括南方马口鱼（*Opsariichthys bidens*）、寻甸白鱼（*Anabarilius xundianensis*）、䱗（*Hemiculter leucisculus*）、云南盘鮈（*Discogobio yunnanensis*）、杞麓鲤（*Cyprinus carpiochila*）、华南鲤（*Cyprinus rubrofuscus*）、戴氏山鳅（*Oreias dabryi*）、黑斑云南鳅（*Yunnanenilus nigromaculatus*）、泥鳅

(*Misgurnus anguillicaudatus*) 和黄鳝 (*Monopterus albus*)。其中寻甸白鱼为清水海特有的鱼类，鳘和华南鲤为外来种。此次调查发现，清水海还具有鲫鱼、麦穗鱼、棒花鱼和鰕虎鱼等小型鱼类。

2.2 月 湖

2.2.1 自然概况

（1）地理位置

月湖位于云南省石林彝族自治县石林镇月湖村，地理坐标为东经 103°25′~103°28′，北纬 24°49′~25°50′之间，现湖泊水面面积 1.69km²，流域面积 23.35km²。

（2）气 候

月湖属低纬度高原季风气候，冬无严寒，夏无酷暑，四季如春，干湿分明。夏秋半年为雨季（5月至10月），冬春半年为干季（11月至次年4月）。境内年平均气温 15.5℃，最热月为7月，最冷月为1月，极端最高温 33.6℃，极端最低温 -8.9℃。年平均降雨量 967.9mm，降雨量分布的特点是中心降雨少，四周降雨多，降雨时段集中在5月至10月的两季，年平均蒸发量为 2097.7mm，年平均日照时数 2339h，年平均无霜期 255d，年平均相对湿度 75%。全年多西南风，间有东南风、东北风和西北风。

（3）地质地貌

流域属滇东高原的腹心地带，地势起伏平缓。石林县境西部及东南部高原面受南盘江及其支流（巴江、普拉河）的切割，形成相对高起的山地。石林大部分地区都被石灰岩所覆盖，由于地下水的长期溶蚀，形成比较典型的岩溶地貌，其中以溶蚀洼地、石芽、高石芽及峰林孤峰等较普遍。全县总面积 1/3 的地区为石灰岩所覆盖，由于内外力的交互作用，特别是地下水、地表水的长期溶蚀，发育成典型的岩溶地貌。西部、北部高原受南盘江、甸江、普拉河的切割，形成相对高起的山地、巴江盆地及南盘江、普拉河深谷。

（4）土壤植被

石林县共有5个土类、8个亚类、13个土属、48个土种，总面积为 258.75 万亩。土类有黄棕壤、红壤、紫色土、冲积土和水稻土。其中红壤面积最大，为 207.05 万亩，占总面积的 80.02%。石林县境内自然植被分三种：以乔木为主的森林、灌木林、草本植物构成的植被。境内已无原始森林，现存的森林植被属亚热带常绿阔叶林区滇中高原盆谷滇青冈林、元江栲林、云南松林亚区。常见树种有26科39属48种；野生草本植物共321种，其中禾本科46种。

2.2.2 社会环境概况

（1）行政区划

月湖流域位于昆明市石林县，涉及3个乡镇9个村委会，分别为西街口镇的5个村委会（西街、雨布、绿水塘、威黑、糯衣），石林镇的2个村委会（老挖、月湖），长湖镇的2个村委会（雨胜、祖莫）。

（2）经济状况

西街口镇以农业经济为主，烤烟种植是当地的支柱产业，种植烤烟13100亩，全镇粮食总种植面积47000亩，其中水稻6000亩、玉米19100亩，人均占有粮食超过500千克。大蒜、人参果也有种植，全镇种植大蒜4500亩，产值达900万元。以新木凹、路花为主种植的人参果，全镇共4000亩，产值达440多万元。近年来，开始引种万寿菊、雪莲果等经济作物，取得了较好的经济效益。种植万寿菊700亩，万寿菊产值近百万元。

石林镇是世界地质公园、国家5A级风景区、"天下第一奇观"——石林风景区的所在地。旅游业是当地的主要产业之一。全镇农村经济总收入19608万元，农民人均纯收入2600元，农民人均占有粮食555千克；全镇农业总产值20383万元；粮食总产值4313万元；烤烟收购总值2445.3万元；共种植蔬菜7900亩，产量12860吨，产值1655万元；水果产量4087.5吨，产值874万元；茶叶面积1755亩，投产面积1650亩，产量13吨；花卉面积550亩，产量140万枝（株）；蚕桑2200亩，产量80吨。推广台湾尖椒1500亩；引进试验、示范中药材品种17个，发展板蓝根400亩、半夏15亩；林口铺村委会推广种植泡核桃40万株，面积1.1万亩。

长湖镇农村经济总收入13273万元，畜牧业产值4886.5万元，粮食总产13410万千克，产值2656万元，烤烟总产值3975万元，人均烤烟收入2351元，户均收入9599元，农民人均纯收入达2794元。工业总产值991万元，非公经济增加值1217万元；镇级财政收入完成1032万元。

（3）土地利用

流域内主要的土地利用类型为灌木林地，约占流域总面积的46%；有林地约占总流域面积的25%。土地利用状况参见表2–3。

2.2.3 水 质

月湖水质类别总体为Ⅲ类，TN 0.15~0.26mg/L，均值0.20mg/L；TP 0.010~0.069mg/L，均值0.030mg/L；NH_4^+-N 0.064~0.16mg/L，均值0.10mg/L；COD_{Mn} 2.80~4.94mg/L，均值3.58mg/L；Chl a 1.15~21.1μg/L，均值8.1μg/L；透明度1.7~2.3m，均值1.9m；富营养化指数为38.7，处于中营养状态。

表 2-3 月湖流域土地利用现状

序号	土地利用类型	面积（km²）	所占比例（%）
1	有林地	5.83	24.97
2	灌木林地	10.68	45.74
3	水库坑塘	2.7	11.56
4	滩地	0.04	0.17
5	农村居民用地	1.8	7.71
6	其他建筑用地	2.3	9.85
	合计	23.35	100

2.2.4 藻类

浮游植物优势种是飞燕角甲藻（*Ceradium hirundinella*）、鱼腥藻（*Anabaena spp.*）；常见种：栅藻（*Scenedesmus spp.*）、水华束丝藻（*Aphanijomenon flosaquae*）、平裂藻（*Merismopedia spp.*）。浮游植物数量 $30.58 \sim 82.90 \times 10^4$ cells/L，平均数量 56.75×10^4 cells/L。数量结构中，蓝藻门占 39.4%；隐藻门占 25.1%；绿藻门占 18.6%；硅藻门占 14.4%；甲藻门占 1.9%；裸藻门占 0.4%；金藻门占 0.2%。月湖浮游植物数量是所调查的小湖泊中最稀少的，种群结构合理，指示水质优良，湖泊营养化水平处于中营养阶段。

2.2.5 大型水生植物

湖中均有水生植物分布，主要呈斑块状分布。水生植物以沉水植物为主，群落类型为微齿眼子菜群落、竹叶眼子菜群落、黑藻群落和水毛花群落等，全湖分布最广的水生植物为微齿眼子菜，其次为竹叶眼子菜；在湖岸边可见水毛花群落和稗群落，呈斑块状或带状分布；各群落伴生其他水生植物；水生植被覆盖度为 100%。

采集到 11 种大型水生植物（见表 2-4），其中 9 种沉水植物，2 种挺水植物。

表 2-4 月湖大型水生植物名录

序号	中文名	拉丁名	所属科名	生活型
1	穗状狐尾藻	*Myriophyllum spicatum*	小二仙草科	沉水
2	竹叶眼子菜	*Potamogeton malaianus*	眼子菜科	沉水
3	轮藻类	*Charophyta*	轮藻科	沉水

续 表

序号	中文名	拉丁名	所属科名	生活型
4	草茨藻	*Najas graminea*	茨藻科	沉水
5	黑藻	*Hydrilla verticillata*	水鳖科	沉水
6	菹草	*Potamogeton crispus*	眼子菜科	沉水
7	大茨藻	*Najas marina*	茨藻科	沉水
8	微齿眼子菜	*Potamogeton maackianus*	眼子菜科	沉水
9	穿叶眼子菜	*Potamogeton perfoliatus*	眼子菜科	沉水
10	稗	*Echinochloa crusgalli*	禾本科	挺水
11	水毛花	*Scirpus triangulatus*	莎草科	挺水

生物量：在湖内，随机进行定量采样 5 次，生物量为 832.4～4970.4 $g/m^2 \cdot FW$，平均为 2756.6 $g/m^2 \cdot FW$；其中，黑藻占 33.2%，微齿眼子菜占 30.2%，竹叶眼子菜占 20.4%。

2.2.6 浮游动物

浮游动物优势种是普通表壳虫（*Arcella vulgaris*）、纤毛虫（*Ciliate*）、短棘螺形龟甲轮虫（*Keratella cochlearis micracantha*）、真翅多肢轮虫（*Polyarthra euryptera*）、郝氏皱甲轮虫（*Ploesoma hudsoni*）、桡足幼体和无节幼体。浮游动物物种较少，密度也很低，原生动物、轮虫、枝角类和桡足类密度分别为 35 个/L、17 个/L、0.1 个/L 和 0.8 个/L。

2.2.7 底栖动物

本次调查中在月湖采集到 11 种底栖动物，其中软体动物和水生昆虫各 4 种，寡毛类环节动物仅 1 种，其他动物 2 种。其中霍甫水丝蚓（*Limnodrilus hoffmeisteri*）、圆田螺属（*Cipangopaludina sp.*）和多足摇蚊（*Polypedilum sp.*）为优势种。该湖的底栖动物平均密度为 128.0 $ind./m^2$，平均生物量为 84.78 g/m^2，软体动物均占优势。

2.2.8 鱼 类

石林彝族自治县境内月湖水较浅，查阅文献发现该湖仅有 3 种鱼类：鲫鱼（*Carassius auratus auratus*）、棒花鱼（*Abbotina rivularis*）和泥鳅（*Misgurnus anguillicaudatus*）。此次调查发现该湖中还有食蚊鱼（*Gambusia affinis*）和小黄黝鱼（*Hypseleotris swinhonis*）的分布。

2.3 海峰湿地

2.3.1 自然概况

（1）地理位置

海峰湿地位于云南省曲靖市沾益县大坡乡，地理坐标为东经103°36′~103°38′，北纬25°44′~25°46′之间，现湖泊水面面积1.99km²，流域面积167.44km²。

（2）气　候

海峰湿地的气候是典型的亚热带高原季风气候，表现出冬春干旱多风、夏秋湿暖多雨的特征，年均温为13.8℃~14℃，冬季均温8℃，全年降水量1073.5~1089.7mm，雨季（5~10月）的降水量占全年的87.3%。

（3）地质地貌

海峰湿地所处的地区，其地层为第四系河湖与洞穴堆积，以及古生界各系地层，露出的岩石以碳酸盐岩类的石灰岩为主。从地质构造看，它属于滇东台褶带的一部分，在地质构造运动的影响下，造成了两侧东北—西南向的相对隆升的山地，湿地则被夹持当中。受岩性、构造等因素的影响，湿地的地貌表现为具有一定特殊性的微地貌组合。湿地以大型的、浅的断坳洼地、断陷盆地为基础，其中有地表喀斯特的石芽、溶丘、峰林、峰丛、孤峰，及地下喀斯特的落水洞、裂隙、竖井、地下河、地下溶洞，这些微地貌共同构成了海峰湿地的特殊地貌组合。

（4）土壤植被

流域内分布有红壤、紫色土、水稻土、黄棕壤、石灰岩土、冲积土、沼泽土等多种土壤类型。海峰湿地四周有较好的森林植被类型分布，如元江栲林、滇青冈林、旱冬瓜林、云南松林、滇油杉林、黄杉林等，这些森林植被对海峰湿地系统起着重要的涵养水源的作用。湿地四周的石山则生长着种类繁多的旱生植物，秋冬两季硕果累累，可为植食性或杂食性动物提供充足的食物来源。

2.3.2 社会环境概况

（1）行政区划

海峰湿地及其流域位于曲靖市沾益县大坡乡境内，涉及大坡乡的9个村委会（新庄、红寨、麻拉、章溪、天生桥、岩竹、法土、德威、秧田冲）。

（2）经济状况

大坡乡农村经济总收入36509万元，农民人均纯收入4341元，粮食总产2699.8万千克，人均有粮615千克；全乡烤烟产值3320万元；畜牧业总产值11756万元；乡镇企业总收入4981万元；万寿菊种植总产值2700万元；水产业产值473万元；蚕桑业平稳发展。依托海峰湿地自然保护区，旅游业发展速度较快。

（3）土地利用

流域内主要的土地利用类型为旱地，约占流域总面积的47%；其次是灌木林地，约占总流域面积的33%。土地利用状况见表2-5。

表2-5 海峰湿地流域土地利用现状

序号	土地利用类型	面积（km²）	所占比例（%）
1	有林地	24.92	14.88
2	灌木林地	55.99	33.44
3	水库坑塘	1.13	0.67
4	农村居民用地	0.27	0.16
5	水田	3.4	2.03
6	旱地	78.54	46.91
7	海峰湿地	2.56	1.53
8	其他建筑用地	0.18	0.11
9	河渠	0.11	0.07
10	滩地	0.34	0.20
	合计	167.44	100

2.3.3 水 质

海峰湿地水质类别总体为Ⅱ类，TN 0.25~0.31mg/L，均值0.28mg/L；TP 0.0021~0.030mg/L，均值0.024mg/L；NH_4^+-N 0.13~0.15mg/L，均值0.14mg/L；COD_{Mn} 4.6~5.8mg/L，均值5.0mg/L；Chl a 9.1~11.9μg/L，均值10.6μg/L；透明度1.65~2.0m，年均值1.8m；富营养化指数为40.2，处于中度营养状态。

2.3.4 藻 类

浮游植物种群以鼓藻属种类和数量较多为特点，优势类群：凹凸鼓藻（*Cosmarium*

impressulum)、水华束丝藻（*Aphanijomenon flosaquae*）、史密斯微囊藻（*Microcystis smithii*）；常见种：谷皮菱形藻（*Nitzschia palea*）、扁鼓藻（*Cosmarium depressum*）、单角叉星鼓藻（*Staurodesmus unicornis*）、微小平裂藻（*Merismopedia tenuissima*）。浮游植物数量386.42～624.03×10^4 cells/L，平均数量505.23×10^4 cells/L。数量结构中，蓝藻门占84.0%；绿藻门占11.9%；硅藻门占1.9%，它们占到了总体数量的97.8%。浮游植物种群结构指示水质尚好，湖泊营养化水平处于中营养阶段。

2.3.5 大型水生植物

湖中均有水生植物分布。水生植物以沉水植物为主，群落类型为微齿眼子菜群落、微齿眼子菜群落+穿叶眼子菜、穿叶眼子菜+竹叶眼子菜群落、穗状狐尾藻+穿叶眼子菜群落、浮叶眼子菜群落和海菜花群落等，全湖分布最广的水生植物为微齿眼子菜；各群落伴生其他水生植物；在湖岸边可见水毛花群落、水葱群落和菰群落，呈斑块状分布；水生植被覆盖度为100%。

采集到18种大型水生植物（见表2-6），其中8种沉水植物，2种浮叶植物，8种挺水植物。

在湖内，随机进行定量采样3次，生物量为590.8～4972.8 g/m^2·FW，平均为2352.7 g/m^2·FW；其中，微齿眼子菜占70.5%，穿叶眼子菜占14.0%，优势种为微齿眼子菜。

表2-6 海峰湿地大型水生植物名录

序号	中文名	拉丁名	所属科名	生活型
1	穗状狐尾藻	*Myriophyllum spicatum*	小二仙草科	沉水
2	竹叶眼子菜	*Potamogeton malaianus*	眼子菜科	沉水
3	大茨藻	*Najas marina*	茨藻科	沉水
4	微齿眼子菜	*Potamogeton maackianus*	眼子菜科	沉水
5	海菜花	*Ottelia acuminata*	水鳖科	沉水
6	穿叶眼子菜	*Potamogeton perfoliatus*	眼子菜科	沉水
7	篦齿眼子菜	*Potamogeton pectinatus*	眼子菜科	沉水
8	轮藻类	*Charophyta*	轮藻科	沉水
9	黄花荇菜	*Nymphoides peltatum*	龙胆科	浮叶
10	浮叶眼子菜	*Potamogeton natans*	眼子菜科	浮叶
11	水毛花	*Scirpus triangulatus*	莎草科	挺水
12	小慈姑	*Sagittaria potamogetifolia*	泽泻科	挺水

续　表

序号	中文名	拉丁名	所属科名	生活型
13	香蒲	*Typha orientalis*	香蒲科	挺水
14	菰	*Zizania latifolia*	禾本科	挺水
15	牛毛毡	*Heleocharis yokoscensis*	莎草科	挺水
16	荸荠	*Eleocharis dulcis*	莎草科	挺水
17	水葱	*Schoenoplectus tabernaemontani*	莎草科	挺水
18	莲	*Nelumbo nucifera*	睡莲科	挺水

2.3.6　浮游动物

浮游动物优势种是普通表壳虫（*Arcella vulgaris*）、球形砂壳虫（*Difflugia globulosa*）、纤毛虫（*Ciliate*）、短棘螺形龟甲轮虫（*Keratella cochlearis micracantha*）、长额象鼻溞（*Bosmina longirostris*）、近邻剑水蚤（*Cyclops vicinus*）、剑水蚤桡足幼体和无节幼体。浮游动物物种比较多，但密度较低，原生动物、轮虫、枝角类和桡足类密度分别为 750 个/L、55 个/L、0.1 个/L 和 1 个/L。

2.3.7　底栖动物

本次调查中在海峰湿地采集到 8 种底栖动物，其中寡毛类环节动物和软体动物各 3 种，水生昆虫仅 2 种，其中多足摇蚊（*Polypedilum sp.*）和卵萝卜螺（*Radix ovata*）为优势种，其他种类均零星出现。该湖的底栖动物平均密度为 138.7 ind./m^2，摇蚊幼虫占优势；平均生物量为 35.02 g/m^2，软体动物占优势。

2.3.8　鱼　类

海峰湿地目前主要作为集蓄水灌溉、户外休闲娱乐为一体的水库湿地，该区域的鱼类没有相关的资料记载。本次鱼类资源调查记录到海峰湿地现有鱼类 10 种，包括：鲫鱼（*Carassius auratus auratus*）、鲤鱼（*Cyprinus carpio*）、䱗（*Hemiculter leucisculus*）、草鱼（*Ctenopharyngodon idella*）、鲢鱼（*Hypophthalmichthys molitrix*）、鳙鱼（*Hypophthalmichthys nobilis*）、麦穗鱼（*Pseudorasbora parva*）、中华鳑鲏（*Rhodeus sinensis*）、棒花鱼（*Abbotina rivularis*）和小黄黝鱼（*Hypseleotris swinhonis*）。

3 滇西湖群

3.1 茈碧湖

3.1.1 自然概况

(1) 地理位置

茈碧湖位于大理州洱源县城东北约 3km 的黑谷山下，地理坐标为东经 $99°55'$~$99°57'$，北纬 $26°08'$~$26°11'$，是洱海上游主要湖泊之一，东北靠山，南北狭长，为断陷溶蚀洼地形成的天然淡水湖泊。现湖泊水面面积 $8.39km^2$，流域面积 $372.77km^2$。

(2) 气　候

茈碧湖流域属北亚热带高原湿润季风气候，由于处在低纬度高海拔地带，因而光照充足，四季温度差距不大，冬无严寒，夏无酷暑，气候温凉，干季和雨季分明，夏秋多雨，具有立体气候特色。多年平均气温 13.9℃，最高 32℃，最低 -8.1℃，无霜期 230d，多年平均日照 2451h，32 年平均降水量 726.9mm，但是季节性分布不均匀（春季 8.4%、夏季 63.4%、秋季 25.5%、冬季 2.7%），随地形分布不均匀（每升高 100m，降雨量增加 52.9mm），而且利用率低。最大年（1966 年）降水量 1113.7mm，最小年（1958 年）降水量 474.5mm。

(3) 地质地貌

茈碧湖流域范围内大地构造属几个构造体系的衔接、重接复合地带，即青藏川滇"歹"字形构造体系东支中段。褶皱以背斜构造为主，褶皱轴向呈北西向，受构造运动影响，褶曲受到破坏，两翼地层差别较大。随着构造运动的发生，在产生断裂和褶皱的同时，岩浆活动也表现多期性和频繁性。茈碧湖区四周山峦环抱，高耸于西部的罗坪山为前寒武系变质岩，东部起伏山冈主要分布二叠系玄武岩，湖东岸的赤洞壁北山为泥盆系灰岩，周围坝子均为湖泊相堆积，属第四纪全新统松软地层。区间中小断层较多，尤以南北两隅较为集中。

（4）土壤植被

流域内土壤受到地质、地形、气候、生物、人类活动等诸多因素的长期作用，类型多种多样，垂直分布明显，共有9个土类、31个土属、51个土种。其中，9个土类分别为亚高山草甸土、暗棕壤、棕壤、红棕壤、红壤、紫色土、冲积土、沼泽土、水稻土。

流域内的植物有近千种，其中木本优势树种249种：针叶树38种（如云南松和华山松等），阔叶树200余种（如锥栎、高山栎和麻栎等）；盆地边缘、四旁和河谷还分布有滇楸、滇杨和滇合欢等21种树种及品种众多的水果林，水果种类繁多，尤以梅子、木瓜、梨、桃、李、杏和香橼、柿子等较为出名。普查资料表明草本植物共670多种，分属121科，其中分布广和占优势的297种，海拔3000m以上山脊区为高山草地，林间灌草丛生，植被覆盖度西部和中部高于东部。

3.1.2 社会环境概况

（1）行政区划

茈碧湖流域涉及大理州洱源县茈碧湖镇、凤羽镇、三营镇、牛街乡。

（2）经济状况

茈碧湖镇人多地少，人均占有耕地0.8亩。镇政府立足镇情，坚持生态立镇、农业稳镇、工业富镇、旅游活镇、和谐兴镇。全镇个体工商户发展到1570户，私营企业发展到26户。镇内果品加工发展到150多户，年加工果品500多万千克，实现利税总额200多万元。

凤羽镇2012年实现农村经济总收入29405万元。在国民生产总值中，第一、二、三产业比重为66∶15∶19。粮食产量19602万千克，交售烟叶55万千克。畜牧业以乳业和生猪出栏为重点，乳牛存栏7323头，交售鲜奶12031吨，生猪出栏21542头，羊出栏4690只；年末大牲畜（除乳牛外）存栏10854头，羊存栏4138只。人均占有耕地1.07亩，农民人均产粮606千克。

三营镇全镇农村经济总收入21312万元，农民人均纯收入达2295元。属于农业大镇，农民收入主要以烤烟、乳畜为主。

牛街乡以农业生产为主，水田栽种水稻、大麦等粮食作物和蚕豆、油菜等经济作物；旱地种植玉米等粮食作物和烤烟、蔬菜、花卉种球、药材及经济林果等。主要特色产品有山区大白芸豆、坝区荷包豆。

（3）土地利用

流域内主要的土地利用类型为有林地，约占流域总面积的39%；其次是草地、水田等。土地利用状况见表3-1。

表 3-1 茈碧湖流域土地利用现状

序号	土地利用类型	面积（km²）	所占比例（%）
1	有林地	145.8	39.11
2	灌木林地	29.78	7.99
3	园地	1.12	0.30
4	草地	73.05	19.60
5	水库坑塘	1.68	0.45
6	城镇用地	1.54	0.41
7	农村居民用地	11.01	2.95
8	水田	63.42	17.01
9	旱地	36.87	9.89
10	茈碧湖	8.5	2.28
11	沼泽地	0.00025	0.01
	合计	372.77	100

3.1.3 水 质

茈碧湖水质类别总体为Ⅱ类，TN 均值 0.025mg/L（TN 含量处于检测限以下，取检测限的二分之一）；TP 0.0066~0.0084mg/L，均值 0.0072mg/L；NH_4^+-N 均值 0.0125mg/L（NH_4^+-N 含量处于检测限以下，取检测限的二分之一）；COD_{Mn} 2.2~2.4mg/L，均值 2.3mg/L；Chl a 0.31~0.50μg/L，均值 0.40μg/L；透明度 3.6~3.7m，年均值 3.65m；富营养化指数为 23.3，处于贫营养状态。

3.1.4 藻 类

浮游植物优势类群与云南其他小湖泊有较大差别，优势种是金藻门的群聚锥囊藻（Dinobryon sociale）、分歧锥囊藻（D. Divergens）；常见种是飞燕角甲藻（Ceradium hirundinella）、钝脆杆藻（Fragilaria capucina）。数量 110.41~217.59×10^4cells/L，平均数量 177.14×10^4cells/L。数量结构与所调查的其他小湖泊也有较大差别，金藻门数量最多，占总数量的 70.6%；硅藻门数量处于其次，占总量的 10.3%，此后依次是：蓝藻门占 8.6%；绿藻门占 6.5%；隐藻门占 2.6%；甲藻门占 1.4%。浮游植物种群结构指示水质优良，湖泊营养化水平处于贫—中营养阶段。

3.1.5 大型水生植物

湖中水生植物主要分布于湖岸带或水深较浅处,呈斑块状或带状分布。水生植物以沉水植物为主,群落类型为大茨藻群落、黑藻群落、穗状狐尾藻群落、粉绿狐尾藻群落、睡莲群落等,全湖分布最广的水生植物为大茨藻;各群落伴生其他水生植物;在湖岸边偶见睡莲、粉绿狐尾藻和菰群落,呈点状分布;水生植被覆盖度约为 3% ~5%。

采集到 10 种大型水生植物(见表 3 - 2),其中 5 种沉水植物,2 种浮叶植物,3 种挺水植物。

在湖内,随机进行定量采样 4 次,采集到的水生植物均为大茨藻,其生物量为 488.4 - 4426.4 $g/m^2 \cdot FW$,平均为 2592.7 $g/m^2 \cdot FW$;优势种为大茨藻。

表 3 - 2 茈碧湖大型水生植物名录

序号	中文名	拉丁名	所属科名	生活型
1	海菜花	*Ottelia acuminata*	水鳖科	沉水
2	黑藻	*Hydrilla verticillata*	水鳖科	沉水
3	大茨藻	*Najas marina*	茨藻科	沉水
4	穗状狐尾藻	*Myriophyllum spicatum*	小二仙草科	沉水
5	粉绿狐尾藻	*Myriophyllum aquaticum*	小二仙草科	沉水(或挺水)
6	睡莲	*Nymphaea tetragona*	睡莲科	浮叶
7	黄花荇菜	*Nymphoides peltatum*	龙胆科	浮叶
8	野慈姑	*Sagittaria trifolia var. trifolia*	泽泻科	挺水
9	芦苇	*Phragmites australis*	禾本科	挺水
10	菰	*Zizania latifolia*	禾本科	挺水

3.1.6 浮游动物

浮游动物优势种是普通表壳虫(*Arcella vulgaris*)、球形砂壳虫(*Difflugia globulosa*)、纤毛虫(Ciliate)、短棘螺形龟甲轮虫(*Keratella cochlearis micracantha*)、蚤状溞(*Daphnia pulex*)、长额象鼻溞(*Bosmina longirostris*)、舌状叶镖水蚤(*P. tunguidus*)、近邻剑水蚤(*Cyclops vicinus*)、透明温剑水蚤(*Thermocyclops hyalinus*)和无节幼体。浮游动物物种比较多,但密度较低,原生动物、轮虫、枝角类和桡足类密度分别为 450 个/L、70 个/L、0.7 个/L 和 0.2 个/L。

3.1.7 底栖动物

本次调查中在茈碧湖采集到 10 种底栖动物,其中寡毛类环节动物 5 种,摇蚊幼虫 4 种和钩虾 1 种。其中多毛管水蚓(*Aulodrilus pluriseta*)和霍甫水丝蚓(*Limnodrilus hoffmeisteri*)为优势种,其他种类均零星出现。该湖的底栖动物平均密度为 424.0 ind./m^2,平均生物量为 1.13 g/m^2,寡毛类环节动物占优势。

3.1.8 鱼 类

文献记载茈碧湖有鱼类 9 种:草鱼(*Ctenopharyngoden idella*)、杞麓鲤(*Cyprinus carpiochilia*)、鲫鱼(*Carassius auratus auratus*)、云南裂腹鱼(*Schizothorax yunnanensis yunnanensis*)、麦穗鱼(*Pseudorasbora parva*)、鲢鱼(*Hypophthalmichthys molitrix*)、鳙鱼(*Hypophthalmichthys nobilis*)、泥鳅(*Misgurnus anguillicaudatus*)和黄鳝(*Monopterus albus*),其中杞麓鲤、鲫鱼、云南裂腹鱼、泥鳅和黄鳝 5 种鱼类为茈碧湖土著鱼,其他鱼类为外来种。

3.2 西 湖

3.2.1 自然概况

(1)地理位置

西湖位于苍山十九峰之一的云弄峰北麓,距云南省大理州洱源县右所镇西部约 1km 处,地理坐标为东经 100°01′~100°03′,北纬 26°00′~26°01′。平均水深 2~3m,储水量 1800 万 m^3。西湖有 6 村 7 岛,具有湖中有村、村中有湖的独特格局。现湖泊水面面积 3.27km^2,流域面积 588.7km^2。

(2)气 候

流域属北亚热带高原湿润季风气候。由于处在低纬度高海拔地带,因而光照充足,四季温度差距不大,冬无严寒,夏无酷暑,气候温凉,干季和雨季分明,夏秋多雨,具有立体气候特色。多年平均气温 13.9℃,最高 32℃,最低 -8.1℃,无霜期 230d,多年平均日照 2451h,多年平均降水量 726.9mm,但是季节性分布不均匀(春季 8.4%,夏季 63.4%,秋季 25.5%,冬季 2.7%),随地形分布不均匀(每升高 100m,降雨量增加 52.9mm)。

(3)地质地貌

流域范围内大地构造属几个构造体系的衔接、重接复合地带,即青藏川滇"歹"字形构造体系东支中段。褶皱以背斜构造为主,褶皱轴向呈北西向,受构造运动影响,褶曲受到破坏,两翼地层差别较大。随着构造运动的发生,在产生断裂和褶皱的同时,岩浆活动也表现多期性和频繁性。湖区四周山峦环抱,高耸于西部的罗坪山为前寒武系变质岩,东部起伏山冈主要分布二叠系玄武岩,属第四纪全新统松软地层。区间中小断层较多,尤以南北两隅较为集中。

(4) 土壤植被

流域内共有9个土类、31个土属、51个土种。其中,9个土类分别为亚高山草甸土、暗棕壤、棕壤、红棕壤、红壤、紫色土、冲积土、沼泽土、水稻土。

流域内的植物有近千种,其中木本优势树种249种:针叶树38种(如云南松和华山松等),阔叶树200余种(如锥栎、高山栎和麻栎等);盆地边缘、四旁和河谷还分布有滇楸、滇杨和滇合欢等21种树种及品种众多的水果林,水果种类繁多,尤以梅子、木瓜、梨、桃、李、杏和香橼、柿子等较为出名。

3.2.2 社会环境概况

(1) 行政区划

西湖流域含5个乡镇,分别为:茈碧湖镇、三营镇、右所镇、凤羽镇、邓川镇。其中茈碧湖镇含7个村委会(果胜、松鹤、鹅墩、文强、丰源、巡检、中炼),三营镇含1个村委会(南大坪),右所镇含12个村委会(三枚、中所、团结、梅和、起胜、西湖、永安、陈官、松曲、温水、幸福、腊坪),凤羽镇含8个村委会(庄上、起凤、振兴、凤河、江登、源胜、白米、上寺),邓川镇含2个村委会(旧州、腾龙)。

(2) 经济状况

茈碧湖镇人多地少,人均占有耕地0.8亩。镇政府立足镇情,坚持生态立镇、农业稳镇、工业富镇、旅游活镇、和谐兴镇。全镇个体工商户发展到1570户,私营企业发展到26户。镇内果品加工发展到150多户,年加工果品500多万千克,实现利税总额200多万元。

凤羽镇2012年实现农村经济总收入29405万元,在国民生产总值中,第一、二、三产业比重为66:15:19。粮食产量19602万千克,交售烟叶55万千克。畜牧业以乳业和生猪出栏为重点,乳牛存栏7323头,交售鲜奶12031吨,生猪出栏21542头,羊出栏4690只;年末大牲畜(除乳牛外)存栏10854头,羊存栏4138只。人均占有耕地1.07亩,农民人均产粮606千克。

三营镇全镇农村经济总收入21312万元,农民人均纯收入达2295元。属于农业大镇,农民收入主要以烤烟、乳畜为主。

右所镇2006年完成国民生产总值2.8亿元,其中,第一产业1.51亿元,第二产业

0.42亿元，第三产业0.87亿元，产业结构的比例为54∶15∶31。旅游社会收入247万元。

邓川镇是云南省30个重点工业园区之一的洱源县邓川工业园区所在地，是云南省乳制品加工的主要基地和乳牛饲养的重点区域之一，创造了洱源工业总产值的85%。1994年邓川镇被列为全国重点经济综合开发示范镇，2002年8月大理州经贸委批准建设邓川工业园区、2003年被省乡镇企业局评为省级乡镇企业园、2004年3月被选为云南省30个重点工业园区。

（3）土地利用

流域内主要的土地利用类型为有林地，约占流域总面积的40%；其次是其他草地、旱地、灌木林地等。土地利用状况见表3-3。

表3-3 西湖流域土地利用现状

序号	土地利用类型	面积（km²）	所占比例（%）
1	水田	68.02	11.55
2	旱地	78.26	13.29
3	果园	18.73	3.18
4	有林地	235.74	40.04
5	灌木林地	69.96	11.88
6	其他草地	84.70	14.39
7	湖泊水面	2.86	0.49
8	水库水面	2.32	0.40
9	沼泽地	0.72	0.12
10	裸地	0.58	0.10
11	城市	5.88	1.00
12	村庄	20.93	3.56
	合计	588.70	100.00

3.2.3 水　质

西湖水质类别总体为Ⅳ类，TN 0.38~0.62mg/L，均值0.49mg/L；TP 0.041~0.085mg/L，均值0.066mg/L；NH_4^+-N 0.26~0.41mg/L，均值0.32mg/L；COD_{Mn} 7.6~9.7mg/L，均值8.7mg/L；Chl a 2.3~4.1μg/L，均值3.1μg/L；透明度0.9~2.0m，年均值1.3m；富营养化指数为40.3，处于中度营养状态。

3.2.4 藻 类

浮游植物优势种是多变鱼腥藻（*Anabaena variabilis*）、颤藻（*Oscillatoria spp.*）、水华束丝藻（*Aphanijomenon flosaquae*）；常见种为栅藻（*Scenedesmus spp.*）、隐藻（*Cryptomonas sp.*）、纤维藻（*Ankistrodesmus spp.*）、鼓藻（*Cosmarium spp.*）。浮游植物数量 594.6 ~ 2349.6 × 10^4 cells/L，平均数量 1723.6 × 10^4 cells/L。数量结构特征为蓝藻门占 80.5%；绿藻门占 9.3%；隐藻门占 6.0%；黄藻门占 1.8%；硅藻门占 1.6%；金藻门占 0.5%；裸藻门占 0.3%。浮游植物种群结构以蓝藻占优势，指示水质受到一定程度有机污染，湖泊处于中—富营养化阶段。

3.2.5 大型水生植物

湖中均有水生植物分布，主要呈斑块状或带状分布。水生植物以沉水植物为主，群落类型为微齿眼子菜群落、金鱼藻群落、菰群落和竹叶眼子菜群落等，全湖分布最广的水生植物为微齿眼子菜，其次为竹叶眼子菜；各群落伴生其他水生植物；在湖岸边偶见香蒲和菰群落，呈点状分布；水生植被覆盖度为 70% ~ 80%。

采集到 24 种大型水生植物（见表 3 - 4），其中 6 种沉水植物，4 种浮叶植物，4 种漂浮植物、10 种挺水植物。

在湖内，随机进行定量采样 3 次，生物量为 1890.8 ~ 5823.2 g/m^2·FW，平均为 3263.7 g/m^2·FW；其中，金鱼藻占 68.7%，竹叶眼子菜占 15.2%，穗状狐尾藻占 10.3%，优势种为金鱼藻。

表 3 - 4　西湖大型水生植物名录

序号	中文名	拉丁名	所属科名	生活型
1	金鱼藻	*Ceratophyllum demersum*	金鱼藻科	沉水
2	微齿眼子菜	*Potamogeton maackianus*	眼子菜科	沉水
3	竹叶眼子菜	*Potamogeton malaianus*	眼子菜科	沉水
4	穗状狐尾藻	*Myriophyllum spicatum*	小二仙草科	沉水
5	黑藻	*Hydrilla verticillata*	水鳖科	沉水
6	轮藻类	Charophyta	轮藻科	沉水
7	两栖蓼	*Polygonum amphibium*	蓼科	浮叶
8	睡莲	*Nymphaea tetragona*	睡莲科	浮叶
9	黄花荇菜	*Nymphoides peltatum*	龙胆科	浮叶

续 表

序号	中文名	拉丁名	所属科名	生活型
10	野菱	*Trapa incisa*	菱科	浮叶
11	水鳖	*Hydrocharis dubia*	水鳖科	漂浮
12	凤眼莲	*Eichhornia crassipes*	雨久花科	漂浮
13	浮萍	*Lemna minor*	浮萍科	漂浮
14	满江红	*Azolla imbricata*	满江红科	漂浮
15	菰	*Zizania latifolia*	禾本科	挺水
16	长芒野稗	*Echinochloa crusgalli var. caudata*	禾本科	挺水
17	芦苇	*Phragmites australis*	禾本科	挺水
18	香蒲	*Typha orientalis*	香蒲科	挺水
19	鸢尾	*Iris tectorum*	鸢尾科	挺水
20	纸莎草	*Cyperus papyrus*	莎草科	挺水
21	旱伞草	*Cyperus alternifolius*	莎草科	挺水
22	水蓼	*Polygonum hydropiper*	蓼科	挺水
23	莲	*Nelumbo nucifera*	睡莲科	挺水
24	美人蕉	*Canna indica*	美人蕉科	挺水

3.2.6 浮游动物

浮游动物优势种是普通表壳虫（*Arcella vulgaris*）、纤毛虫（Ciliate）、短棘螺形龟甲轮虫（*Keratella cochlearis micracantha*）、大肚须足轮虫（*Euchlanis dilatata*）、近亲裸腹溞（*Moina affinis*）、桡足幼体和无节幼体。浮游动物物种较为丰富，密度较高，原生动物、轮虫、枝角类和桡足类密度分别为 1150 个/L、190 个/L、1.5 个/L 和 1.9 个/L。

3.2.7 底栖动物

本次调查中在西湖采集到 5 种底栖动物，其中软体动物 3 种，寡毛类环节动物和水生昆虫各 1 种，没有明显的优势种。该湖的底栖动物平均密度较低，仅为 104.0 ind./m^2；平均生物量因为采集到的软体动物较多，为 27.99 g/m^2，软体动物占优势。

3.2.8 鱼 类

高礼存等1990年调查记录显示，西湖共有鱼类8种：草鱼（*Ctenopharyngodon idella*）、杞麓鲤（*Cyprinus carpiochilia*）、鲫鱼（*Carassius auratus auratus*）、麦穗鱼（*Pseudorasbora parva*）、鲢鱼（*Hypophthalmichthys molitrix*）、鳙鱼（*Hypophthalmichthys nobilis*）、泥鳅（*Misgurnus anguillicaudatus*）、黄鳝（*Monopterus albus*），其中杞麓鲤、鲫鱼、泥鳅和黄鳝为西湖的土著鱼类。

3.3 海西海

3.3.1 自然概况

（1）地理位置

海西海位于洱源县牛街乡龙门坝，离县城24km，为断陷溶蚀洼地形成的天然淡水湖泊。南海北坝，群山环抱，"四面围城"，明清时期是鹤庆府的八大名景之一。下游与茈碧湖、凤羽河同注入弥直河而流入洱海。地理坐标为东经99°57′~99°59′，北纬26°15′~26°17′。现湖泊水面面积3.84km²，流域面积240.39km²。南北长3.6km，东西最大宽1.5km，湖岸线长10km，平均水深10m，总库容2227万m³。

（2）气 候

流域属北亚热带高原湿润季风气候。由于处在低纬度高海拔地带，因而光照充足，四季温度差距不大，冬无严寒，夏无酷暑，气候温凉，干季和雨季分明，夏秋多雨，具有立体气候特色。多年平均气温13.9℃，最高32℃，最低-8.1℃，无霜期230d，多年平均日照2451h，多年平均降水量726.9mm，但是季节性分布不均匀，夏秋季降雨多，冬春季降雨少。

（3）地质地貌

流域范围内大地构造属几个构造体系的衔接、重接复合地带，即青藏川滇"歹"字形构造体系东支中段。褶皱以背斜构造为主，褶皱轴向呈北西向，受构造运动影响，褶曲受到破坏，两翼地层差别较大。随着构造运动的发生，在产生断裂和褶皱的同时，岩浆活动也表现多期性和频繁性。湖区四周山峦环抱，高耸于西部的罗坪山为前寒武系变质岩，东部起伏山冈主要分布二叠系玄武岩，属第四纪全新统松软地层。区间中小断层较多，尤以南北两隅较为集中。

（4）土壤植被

流域内土壤类型分布有亚高山草甸土、暗棕壤、棕壤、红棕壤、红壤、紫色土、冲积土、沼泽土、水稻土等。植物有近千种，有木本优势树种，如针叶树（如云南松和华山松等）、阔叶树（如锥栎、高山栎和麻栎等），滇楸、滇杨和滇合欢等树种及品种众多的水果林。

3.3.2 社会环境概况

（1）行政区划

流域涉及洱源县的1个乡镇，即牛街乡。牛街乡辖牛街、西甸、西坡、大同、太平、白塔、龙门、上站、福田、福和、松坪11个村委会、64个自然村、133个农业小组。

（2）经济状况

牛街乡以农业生产为主，水田栽种水稻、大麦等粮食作物和蚕豆、油菜等经济作物；旱地种植玉米等粮食作物和烤烟、蔬菜、花卉种球、药材及经济林果等。主要特色产品有山区大白芸豆、坝区荷包豆。

（3）土地利用

流域内主要的土地利用类型为有林地，约占流域总面积的60%；其次是旱地、草地、水田、灌木林地等。土地利用状况见表3-5。

表3-5 海西海流域土地利用现状

序号	土地利用类型	面积（km²）	所占比例（%）
1	有林地	145.06	60.43
2	灌木林地	14.6	6.12
3	园地	0.18	0.08
4	草地	22.69	9.10
5	水库水面	3.89	1.63
6	城镇用地	0.0017	0.00
7	农村居民用地	1.79	0.75
8	水田	15.13	6.35
9	旱地	36.87	15.47
10	沼泽地	0.18	0.07
	合计	240.39	100

3.3.3 水 质

海西海水质类别总体为Ⅱ类，TN 均值 0.025mg/L（TN 含量处于检测限以下，取检测限的二分之一）；TP 0.0066~0.0084mg/L，均值 0.0078mg/L；NH_4^+-N 均值 0.0125mg/L（NH_4^+-N 含量处于检测限以下，取检测限的二分之一）；COD_{Mn} 2.85~3.09mg/L，均值 2.98mg/L；Chl a 0.88~1.19μg/L，均值 1.0μg/L；透明度 1.95~3.6m，均值 2.9m；富营养化指数为 26.3，处于贫营养状态。

3.3.4 藻 类

浮游植物种类丰富，以硅藻门种类较多为特征，优势种：群聚锥囊藻（*Dinobryon sociale*）、小环藻（*Cyclotella sp.*）、冠盘藻（*Stephanodiscus sp.*）、挪氏微囊藻（*Microcystis novacekii*）；常见种：纤维藻（*Ankistrodesmus sp.*）、隐藻（*Cryptomonas sp.*）、栅藻（*Scenedesmus sp.*）。数量 96.25~119.85×10^4cells/L，平均数量 106.57×10^4cells/L。数量结构中，绿藻门占 30.9%；蓝藻门占 25.0%；硅藻门占 23.0%；隐藻门占 12.3%；金藻门占 7.4%；甲藻门占 1.4%。浮游植物种群结构指示水质优良，湖泊营养化水平处于贫—中营养阶段。

3.3.5 大型水生植物

湖中水生植物主要分布在湖岸带或水较浅处，主要呈斑块状或带状分布。水生植物以沉水植物为主，群落类型为大茨藻群落、黑藻群落、金鱼藻群落和轮藻类群落等，全湖分布最广的水生植物为黑藻，其次为金鱼藻；各群落伴生其他水生植物；在湖岸边挺水植物分布较少；水生植被覆盖度为 15%~20%。

采集到 9 种大型水生植物（见表 3-6），其中 8 种沉水植物，1 种挺水植物。

在湖内，随机进行定量采样 3 次，生物量为 1039.2~6468.0 g/m²·FW，平均为 2872.5 g/m²·FW；其中，黑藻占 62.7%，金鱼藻占 37.0%。

表 3-6 海西海大型水生植物名录

序号	中文名	拉丁名	所属科名	生活型
1	大茨藻	*Najas marina*	茨藻科	沉水
2	黑藻	*Hydrilla verticillata*	水鳖科	沉水
3	金鱼藻	*Ceratophyllum demersum*	金鱼藻科	沉水
4	菹草	*Potamogeton crispus*	眼子菜科	沉水

续 表

序号	中文名	拉丁名	所属科名	生活型
5	竹叶眼子菜	*Potamogeton malaianus*	眼子菜科	沉水
6	篦齿眼子菜	*Potamogeton pectinatus*	眼子菜科	沉水
7	穗状狐尾藻	*Myriophyllum spicatum*	小二仙草科	沉水
8	轮藻类	*Charophyta*	轮藻科	沉水
9	水蓼	*Polygonum hydropiper*	蓼科	挺水

3.3.6 浮游动物

浮游动物优势种是普通表壳虫（*Arcella vulgaris*）、球形砂壳虫（*Difflugia globulosa*）、纤毛虫（*Ciliate*）、短棘螺形龟甲轮虫（*Keratella cochlearis micracantha*）、长额象鼻溞（*Bosmina longirostris*）、近邻剑水蚤（*Cyclops vicinus*）、剑水蚤桡足幼体和无节幼体。浮游动物物种比较多，但密度较低，原生动物、轮虫、枝角类和桡足类密度分别为350个/L、85个/L、0.1个/L和0.5个/L。

3.3.7 底栖动物

本次调查中在海西海采集到10种底栖动物，其中寡毛类环节动物6种，摇蚊幼虫3种，软体动物仅1种。其中霍甫水丝蚓（*Limnodrilus hoffmeisteri*）和前突摇蚊属（*Procladius sp.*）为优势种。该湖的底栖动物平均密度为180.0 ind./m^2，寡毛类环节动物占优势；平均生物量为3.35 g/m^2，水生昆虫占优势。

3.3.8 鱼 类

收集三层刺网和地笼里的渔获物，本次海西海采样一共包括8种鱼类，各种鱼类的数量百分比为：中华鳑鲏（*Rhodeus sinensis*）25%、麦穗鱼（*Pseudorasbora parva*）25%、小黄黝鱼（*Hypseleotris swinhonis*）21%、长身鱊（*Acheilognathus elongatus*）9%、子陵吻鰕虎鱼（*Ctenogobius giurinus*）8%、鲫鱼（*Carassius auratus auratus*）6%、短须裂腹鱼（*Schizothorax wangchiachii*）4%、池沼公鱼（*Hypomesus olidus*）2%。通过调查渔民渔获物和访问当地村民，目前海西海主要经济鱼类优势种为鲤鱼、鲫鱼、鲢鱼和银鱼。

3.4 天　池

3.4.1 自然概况

（1）地理位置

天池位于大理州云龙县城西部 20km 左右的天池山中，距下关 175km，距昆明 574km。天池海拔 2551m，属高原断层湖。地理坐标为东经 99°16′~99°17′，北纬 25°51′~25°52′。现湖泊水面面积 1.16km²，流域面积 14.53km²。

（2）气　候

区域位于北亚热带季风气候区域，高原季风气候显著，干湿季分明，日温差大，年温差小。以海拔 2575m 的天池附近为例，年平均气温 10.0℃，最热月均温 16.0℃，最冷月均温 1.8℃，大于 10℃ 积温 2508.4℃，极端最低气温 -9.8℃，年降水量 879.5mm。由于保护区山体高差较大，气候垂直分布显著，从澜沧江河谷到五宝山、龙马山山顶，依次发育有南亚热带、中亚热带、北亚热带、暖温带、中温带和寒温带气候，构成一个典型完整的山地气候垂直带系列。

（3）地质地貌

在云南省地貌区划中，天池流域位于一级区（横断山北段高山峡谷区）中二级区（云岭高山山原亚区）的西南部，其东西两面为深切的澜沧江及其一级支流沘江峡谷，中部是云岭向南延伸的余脉，呈南北向的高耸的雪盘山，其山脊由北向南逐渐降低，由中部山脊向西部的澜沧江河谷及向东部的沘江检槽河河谷降低。区域地貌类型系由红色岩系构成的深切割高中山—峡谷山原地貌，地势起伏大，山体较为破碎，山顶古夷平面破坏殆尽，仅在五宝山天子山有小面积残留。

（4）土壤植被

区内发育的土壤带主要是黄棕壤带、棕壤带、暗棕壤带，红壤带仅在西南部海拔 2300m 附近的向阳迎风坡延伸至保护区范围。天池流域属云龙天池国家级自然保护区的一部分，区内物种丰富，是云南松主要的育种及物种资源的保护基地。生长发育的典型植被有多变石栎林、壳斗石栎林、白穗石栎林、云南松林、华山松林、旱冬瓜林、滇山杨林、红桦林、云南铁杉林、苍山冷杉林、丽江云杉林、黄背栎林、长穗高山栎林、杜鹃矮林、黄背栎灌丛、杜鹃灌丛、高山柏灌丛和亚高山草甸等，其中面积最大的是云南松林，次为华山松林、云南铁杉林、多变石栎林。

3.4.2 社会环境概况

（1）行政区划

天池流域位于大理云龙县诺邓镇天池村委会，全村辖12个村民小组，农民收入主要以林果、畜牧业为主。

（2）经济状况

诺邓镇经济来源主要靠小城镇建设、粮食生产、畜牧业生产、烤烟生产和林果产业。农民的经济收入主要以农业和牧业为主，占年收入的33.6%、28.5%。

（3）土地利用

流域内主要的土地利用类型为有林地，约占流域总面积的88%；其次是水面面积和灌木林地等。土地利用状况见表3-7。

表3-7 天池流域土地利用现状

序号	土地利用类型	面积（km²）	所占比例（%）
1	水田	0.04	0.26
2	有林地	12.74	87.71
3	灌木林地	0.50	3.45
4	水库坑塘	1.18	8.09
5	永久性冰川雪地	0.07	0.49
合计		14.53	100

3.4.3 水 质

天池水质类别总体为Ⅱ类，TN 0.17~0.21mg/L，均值0.19mg/L；TP 0.016~0.046mg/L，均值0.026mg/L；NH_4^+-N 0.090~0.098mg/L，均值0.094mg/L；COD_{Mn} 3.9~4.1mg/L，均值4.0mg/L；Chl a 0.016~0.074μg/L，均值0.052μg/L；透明度1.65~2.25m，年均值1.9m；富营养化指数为23.9，处于贫营养状态。

3.4.4 藻 类

优势种：变异直链藻（*Melosira varians*）、空球藻（*Eudorina elegans*）、水华微囊藻（*Microcystis flosaquae*）；常见种：栅藻（*Scenedesmus spp.*）、盘星藻（*Pediastrum spp.*）、卵

囊藻(*Oecystis spp.*)、锥囊藻(*Dinobryon spp.*)、纤维藻(*Ankistrodesmus spp.*)。藻类细胞数量 $148.02 \sim 270.11 \times 10^4$ cells/L, 平均数量 202.24×10^4 cells/L。数量结构中, 蓝藻门占43.3%; 硅藻门占26.2%; 绿藻门占24.4%; 金藻门占3.4%; 隐藻门占1.5%; 甲藻门占0.8%; 裸藻门占0.4%。浮游植物种群结构指示水质优良, 湖泊营养化水平处于贫—中营养阶段。

3.4.5 大型水生植物

湖中水生植物分布较少, 仅分布于湖湾和水较浅的区域, 呈斑块状或带状分布。水生植物以沉水植物和浮叶为主, 群落类型为黄花荇菜群落和穗状狐尾藻群落, 群落偶尔伴生菹草; 水生植被覆盖度为0.5%左右。

采集到3种大型水生植物(见表3-8), 其中2种沉水植物, 1种浮叶植物。

在湖内, 随机进行定量采样3次, 生物量为 $55.8 \sim 214.2$ g/m² · FW, 平均为135.0 g/m² · FW; 沉水植物定量采集仅采集到穗状狐尾藻, 优势种也为穗状狐尾藻。

表3-8 天池大型水生植物名录

序号	中文名	拉丁名	所属科名	生活型
1	穗状狐尾藻	*Myriophyllum spicatum*	小二仙草科	沉水
2	菹草	*Potamogeton crispus*	眼子菜科	沉水
3	黄花荇菜	*Nymphoides peltatum*	龙胆科	浮叶

3.4.6 浮游动物

浮游动物优势种是球形砂壳虫(*Difflugia globulosa*)、针棘匣壳虫(*Centropyxis aculeata*)、大肚须足轮虫(*Euchlanis dilatata*)、僧帽溞(*Daphnia cucullata*)、剑水蚤桡足幼体和无节幼体。浮游动物物种较为丰富, 但密度较低, 原生动物、轮虫、枝角类和桡足类密度分别为450个/L、95个/L、0.2个/L和0.6个/L。

3.4.7 底栖动物

本次调查中在天池仅采集到4种底栖动物, 其中寡毛类环节动物1种, 摇蚊幼虫3种, 未采集到软体动物。其中正颤蚓(*Tubifex tubifex*)为优势种。该湖的底栖动物平均密度较低, 仅为80.0 ind./m², 平均生物量为0.08 g/m², 寡毛类环节动物占优势。

3.4.8 鱼 类

天池一共有鱼类6种，草鱼、杞麓鲤、鲫鱼、麦穗鱼、鲢鱼和鳙鱼，仅有杞麓鲤和鲫鱼为土著鱼类。访问沿湖钓鱼村民，该湖中还有泥鳅和黄鳝。据村民介绍，天池湖中大多鱼类来自于放生。

3.5 剑 湖

3.5.1 自然概况

（1）地理位置

剑湖位于云南省剑川县城东南方，出县城东门后沿金龙河堤迤逦前行3km左右即可到达。地理坐标为东经99°54′~99°56′，北纬26°26′~26°30′。现湖泊水面面积4.81km²，流域面积821.45km²。常年蓄水量168万m³。

（2）气 候

剑湖受印度洋季风气候影响，属南温带冬干夏湿气候类型，干湿两季分明，年温差小，日温差大，年平均气温12.3℃，最冷1月均温4.5℃，最热7月均温18.5℃，正常年份年降雨724.4mm，无霜期151d，日照2218.15h，有晚霜重冻、降温过早、干旱、洪涝、冰雹等自然灾害，为地震多发地区。

（3）地质地貌

区域处于丽江—剑川断裂带，北东—南西向展布，走向35°~45°间，倾向SE，平均倾角约50°，全长80km左右。次级断裂较发育，但大多属于丽江—剑川断裂带主断裂的分支断裂。断裂带以左旋走滑运动为主，兼具逆冲断裂特征。断裂带附近出露晚古生界到第四系，缺失侏罗系和白垩系，构成三叠系与二叠系呈断层接触关系，在打鹰山附近，还构成始新统丽江组与二叠系呈断层接触关系。

（4）土壤植被

剑湖流域垂直高差达2200m，土壤类型复杂多样，共有石质土、亚高山草甸土、棕色针叶林土、暗棕壤、棕壤、黄棕壤、红棕壤、红壤、紫色土、冲积土、水稻土、沼泽土12个土类。流域山上生长的地带性植被——常绿阔叶林已少见，而代之以次生的云南松（*Pinus yunnanensis*）针叶林及灌丛。

3.5.2 社会环境概况

（1）行政区划

剑湖流域涉及剑川县境内的2个乡镇26个村委会和玉龙县境内的2个乡镇45个村委会。剑川境内的乡镇分别为：甸南、金华。其中甸南涉及10个村委会（海虹、永和、兴水、西河、朱柳、龙门、狮河、白腊、文华、向前），金华涉及16个村委会（金龙、永丰、禄寿、桑岭、金星、邑平、庆华、新仁、文榜、龙营、龙凤、金河、清平、双河、梅园、三河）。玉龙县境内的2个乡为：九河乡、太安乡。其中九河乡涉及31个村委会（西峰坪、牛住山、荞地坪、河源、大栗坪、单岭北、新房村、回龙、甸尾坪、三家村、新海邑、西石坪、九河街、平古、龙应、南高寨、录马村、太平、中河、杜吾、高安、灵芝园、五里碑、维中、大栗树、西落、木瓦、子明落、冷水沟、白汉场、中南），太安乡涉及14个村委会（汝寒坪、冷本书、高美古、白的谷、岩空落、西村、中村、老丁、中堂郎、西坡、水井村、甸西村、松坡、升登村）。

（2）经济状况

甸南镇以农业经济为主，坝区主要种植的农作物有水稻、玉米、大麦、蚕豆；经济作物以烤烟为主，山区以玉米、马铃薯为主，有"春百合、夏萝卜、秋蚕豆、冬马铃薯"的四季蔬菜；林果业以核桃、苹果、梨、酥李子、板栗、玉华花椒为主；花卉以兰花为主，家家户户都有栽培，特有中药材灯盏花人工栽培，已成为云南生物谷灯盏花药业有限公司的生产基地。

金华镇以城镇经济与农业经济发展并重，全镇共有镇属企业5个，村办企业5个，非公经济实体35个，个体工商户1708户。镇内有较丰富的资源，剑川木雕、刺绣、布扎、地参、松茸、兰花、当归等土特产品；工业以双河煤矿区、东山的锰矿、铜矿开发为主；储量丰富的花岗石、石灰石、砂子等建材资源；石雕工艺发达。

九河乡以农业经济为主，全乡耕地面积35421亩，其中水田13449亩，旱地21972亩。按农业人口计算，人均耕地面积1.4亩。粮食作物种植中以水稻、玉米、小麦种植为主，还兼有豆类作物和薯类作物的种植。经济作物种植烤烟，还有白芸豆等蔬菜。果园有苹果园、梨园等。

太安乡以农业经济为主，属于典型的高寒山区，农作物一年一熟。人均耕地面积4.8亩，是"丽江市的马铃薯之乡""秋油菜之乡"。

（3）土地利用

流域内主要的土地利用类型为有林地，约占流域总面积的53%；其次是灌木林地、水田和旱地等。土地利用状况可参见表3-9。

表 3-9 剑湖流域土地利用现状

序号	土地利用类型	面积（km²）	所占比例（%）
1	有林地	433.13	52.54
2	灌木林地	138.33	16.78
3	疏林地	1.58	0.19
4	草地	45.02	5.46
5	水库坑塘	6.42	0.78
6	城镇用地	1.69	0.21
7	农村居民用地	11.99	1.45
8	水田	93.47	11.34
9	旱地	89.65	10.88
10	河渠	0.19	0.02
11	永久性冰川雪地	0.57	0.07
12	滩地	0.016	0.00
13	其他建筑用地	1.89	0.23
14	裸岩	0.36	0.05
	合计	821.45	100

3.5.3 水 质

剑湖水质类别总体为Ⅲ类，TN 0.22~0.27mg/L，均值 0.24mg/L；TP 0.019~0.092mg/L，均值 0.047mg/L；NH_4^+-N 0.093~0.14mg/L，均值 0.12mg/L；COD_{Mn} 3.8~5.4mg/L，均值 4.4mg/L；Chl a 0.72~4.3μg/L，均值 1.9μg/L；透明度 0.65~1.0m，年均值 0.80m；富营养化指数为 34.5，处于中度营养状态。

3.5.4 藻 类

优势种：微小平裂藻（Merismopedia tenuissima）、小环藻（Cyclotella sp.）、鱼腥藻（Anabaena sp.）；常见种：冠盘藻（Stephanodiscus sp.）、隐藻（Cryptomonas sp.）、水华束丝藻（Aphanijomenon flosaquae）、针状蓝纤维藻（Dactylococcopsis acicularis）。数量 458.70~1103.40×10⁴cells/L，平均数量 777.60×10⁴cells/L。数量结构中，蓝藻门占 36.0%；硅藻门占 26.8%；绿藻门占 17.6%；隐藻门占 9.3%；裸藻门占 7.2%；金藻门占 2.3%；

甲藻门占0.7%。浮游植物种群结构合理，指示水质尚好，湖泊营养化水平处于中营养阶段。

3.5.5 大型水生植物

湖中水生植物主要分布于湖岸带、湖湾中或水深较浅处，主要呈斑块状或带状分布。水生植物以沉水植物和挺水植物为主，群落类型为金鱼藻菜群落、竹叶眼子菜群落、菰群落、微齿眼子菜+穗状狐尾藻群落和野菱群落等；全湖分布最广的水生植物为菰群落，其次为金鱼藻群落和竹叶眼子菜群落；各群落伴生其他水生植物；水生植被覆盖度为10%~15%。

采集到8种大型水生植物（见表3-10），其中5种沉水植物，1种浮叶植物，1种漂浮植物、1种挺水植物。

在湖内，随机进行定量采样4次，生物量为465.2~8800.8g/m²·FW，平均为4376.3 g/m²·FW；其中，金鱼藻占94.6%，竹叶眼子菜占3.7%，金鱼藻为优势种。

表3-10 剑湖大型水生植物名录

序号	中文名	拉丁名	所属科名	生活型
1	金鱼藻	*Ceratophyllum demersum*	金鱼藻科	沉水
2	穗状狐尾藻	*Myriophyllum spicatum*	小二仙草科	沉水
3	竹叶眼子菜	*Potamogeton malaianus*	眼子菜科	沉水
4	微齿眼子菜	*Potamogeton maackianus*	眼子菜科	沉水
5	黑藻	*Hydrilla verticillata*	水鳖科	沉水
6	野菱	*Trapa incisa*	菱科	浮叶
7	凤眼莲	*Eichhornia crassipes*	雨久花科	漂浮
8	菰	*Zizania latifolia*	禾本科	挺水

3.5.6 浮游动物

浮游动物优势种是球形砂壳虫（*Difflugia globulosa*）、纤毛虫（Ciliate）、短棘螺形龟甲轮虫（*Keratella cochlearis micracantha*）、长额象鼻溞（*Bosmina longirostris*）、近邻剑水蚤（*Cyclops vicinus*）、剑水蚤桡足幼体和无节幼体。浮游动物物种比较多，但密度不高，原生动物、轮虫、枝角类和桡足类密度分别为800个/L、135个/L、26个/L和1.7个/L。枝角类与其他小湖泊相比显著较高。

3.5.7 底栖动物

本次调查中在剑湖采集到 8 种底栖动物,其中寡毛类环节动物 4 种,软体动物各 3 种,水生昆虫仅 1 种。其中水丝蚓属种类(Limnodrilus sp.)为优势种。该湖的底栖动物平均密度为 1784.0 ind./m^2,寡毛类环节动物占绝对优势;平均生物量为 26.10 g/m^2,软体动物占优势。

3.5.8 鱼 类

综合褚新洛、陈银瑞和高礼存的资料记载,剑湖共有鱼类分布 13 种,其中土著鱼类 7 种:后背鲈鲤、灰裂腹鱼、云南裂腹鱼、杞麓鲤、鲫鱼、泥鳅和黄鳝;外来鱼类 6 种包括:草鱼、麦穗鱼、鲢鱼、鳙鱼、中华鳑鲏和小黄黝鱼。同时进行鱼类标本的现场采样调查,收集三层刺网和地笼里的渔获物,本次剑湖采样一共包括 7 种鱼类:子陵吻鰕虎鱼(2%)、棒花鱼(2%)、池沼公鱼(4%)、小黄黝鱼(14%)、中华鳑鲏(26%)、麦穗鱼(31%)和鲫鱼(21%)。

3.6 青海湖

3.6.1 自然概况

(1)地理位置

青海湖位于大理州祥云县城川坝,距离祥云县城 7km。地理坐标东经 100°35′~100°37′,北纬 25°26′~25°27′。现湖泊水面面积 3.41km^2,流域面积 440.4km^2。

(2)气 候

流域属北亚热带偏北高原季风气候区,有 5 个明显的气候特点,一是四季变化不明显,冬无严寒,夏无酷暑,常年平均气温 14.7℃,1 月平均气温 8.1℃,7 月平均气温 19.7℃;二是冬春恒温,夏秋多雨,干湿季分明;三是年降雨量少,年均降雨量 810.8mm,境内西部、北部、东南部平均年降雨量大于 800mm,东部、南部平均年降雨量小于 700mm;四是年日照时数长,日照时数为 2030.2~2623.9h,居全省第四位;五是海拔悬殊,气候垂直分布明显,水平分布复杂。

(3)地质地貌

位于扬子准地台和滇西横断山脉接合部,属横断山系云岭余脉,坐落于金沙江、红河水系的分水岭上,地势呈西北高东南低状,总体呈南北走向,较为破碎,略成三级阶梯状下降。流域一部分属第四系全新统洪积层,地貌呈扇形展开;另一部分为第四系全新统冲湖积层,由西向东至青海湖晒经坡,地貌呈倾斜状。

(4) 土壤植被

土壤结构主要以红壤土为主,成土固岩主要是砂岩、石灰岩、页岩及玄武岩,红壤土板结、腐殖质层薄,保水保肥能力差。适宜种植的粮食作物有玉米、水稻、大小麦,经济作物有蚕桑、烤烟、亚麻、水果、干果、油菜、蚕豆等。

3.6.2 社会环境概况

(1) 行政区划

青海湖流域位于祥云县,涉及5个乡镇的46个村委会,分别为:云南驿镇、刘厂镇、沙龙镇、祥城镇、下庄镇。其中云南驿镇(22个村委会)、刘厂镇(8个村委会)、沙龙镇(7个村委会)共计37个村委会,祥城镇的芮家营村委会,下庄镇的8个村委会(刘营、张泗营、江场、渔进、赵营、沐滂、老张营、下庄)。

(2) 经济状况

云南驿镇种植业是农业的支柱,云南驿镇主要有粮食、烤烟、蚕桑等作物。

刘厂镇以农业经济为主,适宜种植的粮食作物有玉米、水稻、大小麦,经济作物有蚕桑、烤烟、亚麻、水果、干果、油菜、蚕豆等。

沙龙镇经济以农业、畜牧业和劳务经济为主。粮食作物主要有水稻、玉米、小麦,经济作物主要有烤烟、蚕桑、油料、蚕豆。

祥城镇的经济形成以新型工业化为支撑、农业产业化为基础、城镇特色化为动力,建设城乡一体化发展的基本格局。城区适宜二、三产业的发展,农业产业坝区适宜于玉米、水稻、麦类、豆类、烤烟、大蒜、亚麻、蔬菜等,山区、半山区适宜于粮食作物和林果业等开发利用。

下庄镇以农业经济为主,主要粮食作物有水稻、玉米、大麦;经济作物有烤烟、蚕桑、亚麻、蚕豆。

(3) 土地利用

流域内主要的土地利用类型为水田,约占流域总面积的28%;其次是旱地,约占流域总面积的23%;再其次是灌木林地和有林地等。土地利用状况见表3-11。

3.6.3 水 质

青海湖水质类别总体为Ⅴ类,TN 0.61~1.47mg/L,均值0.97mg/L;TP 0.037~

0.22mg/L，均值 0.12mg/L；NH_4^+-N 0.24～0.34mg/L，均值 0.29mg/L；COD_{Mn} 9.2～9.4mg/L，均值 9.3mg/L；Chl a 0.40～7.0μg/L，均值2.7μg/L；透明度0.45～1.6m，年均值1.2m；富营养化指数为38.2，处于富营养状态。

表3-11 青海湖流域土地利用现状

序号	土地利用类型	面积（km²）	所占比例（%）
1	草地	1.05	0.25
2	水田	127.77	28.45
3	旱地	99	22.90
4	有林地	88.17	19.67
5	灌木林地	98.56	22.80
6	其他林地	5.46	1.18
7	水库坑塘	5.71	1.33
8	城镇用地	0.25	0.06
9	农村居民用地	13.81	3.22
10	裸岩石砾地	0.62	0.14
	合计	440.4	100

3.6.4 藻 类

青海湖浮游植物优势种：密集微囊藻（Microcystis densa）、惠氏微囊藻（M. wesenbergii）、粗大微囊藻（M. robusta）、水华束丝藻（Aphanijomenon flosaquae）、腔球藻（Coelosphaerium sp.）；常见种：湖生卵囊藻（Oecystis lacustris）、栅藻（Scenedesmus spp.）、鼓藻（Cosmarium spp.）、隐藻（Cryptomonas sp.）。浮游植物数量是所有调查的小湖泊中数量最多的，范围8283.40～12936.0×10⁴cells/L，平均数量10289.13×10⁴cells/L，并伴有水华发生。浮游植物种群结构中，蓝藻门占92.3%；绿藻门占5.2%；隐藻门占0.9%；硅藻门占0.7%；甲藻门占0.5%；裸藻门占0.2%；黄藻门占0.1%；金藻门占0.1%。蓝藻门占据绝对优势，指示水质受污染，湖泊富营养化严重。

3.6.5 大型水生植物

湖中均有水生植物分布，主要呈斑块状或带状分布。水生植物以沉水植物为主，群落类型为篦齿眼子菜群落、穿叶眼子菜群落、轮藻类群落和穗状狐尾藻群落等，全湖分布最广的水生植物为穿叶眼子菜,其次为竹叶眼子菜和穗状狐尾藻;各群落伴生其他水生植物;在湖岸边偶见挺水植物;水生植被覆盖度为 90% ~ 95%。

采集到 10 种大型水生植物(见表 3 - 12),其中 6 种沉水植物、2 种浮叶植物、2 种挺水植物。

在湖内,随机进行定量采样 3 次,生物量为 1912.8 ~ 2517.6 $g/m^2 \cdot FW$,平均为 2275.7 $g/m^2 \cdot FW$;其中,穿叶眼子菜占 52.3%,竹叶眼子菜占 27.8%,优势种为穿叶眼子菜。

表 3 - 12 青海湖大型水生植物名录

序号	中文名	拉丁名	所属科名	生活型
1	穗状狐尾藻	*Myriophyllum spicatum*	小二仙草科	沉水
2	穿叶眼子菜	*Potamogeton perfoliatus*	眼子菜科	沉水
3	竹叶眼子菜	*Potamogeton malaianus*	眼子菜科	沉水
4	篦齿眼子菜	*Potamogeton pectinatus*	眼子菜科	沉水
5	金鱼藻	*Ceratophyllum demersum*	金鱼藻科	沉水
6	轮藻类	Charophyta	轮藻科	沉水
7	黄花荇菜	*Nymphoides peltatum*	龙胆科	浮叶
8	浮叶眼子菜	*Potamogeton natans*	眼子菜科	浮叶
9	莲	*Nelumbo nucifera*	睡莲科	挺水
10	香附子	*Cyperus rotundus*	莎草科	挺水

3.6.6 浮游动物

浮游动物优势种是纤毛虫(Ciliate)、短棘螺形龟甲轮虫(*Keratella cochlearis micracantha*)、蚤状溞(*Daphnia pulex*)、剑水蚤桡足幼体和无节幼体。浮游动物物种比较少,但密度较高,原生动物、轮虫、枝角类和桡足类密度分别为 2050 个/L、310 个/L、1.6 个/L 和 4.5 个/L。

3.6.7 底栖动物

本次调查中在青海湖仅采集到 4 种底栖动物,其中寡毛类环节动物 2 种,软体动物和水生昆虫各 1 种。其中霍甫水丝蚓(*Limnodrilus hoffmeisteri*)为优势种。该湖的底栖动物平均密度较低,仅为 96.0 $ind./m^2$,寡毛类环节动物占优势;平均生物量为 0.88 g/m^2,

软体动物占优势。

3.6.8 鱼 类

青海湖在经过堤坝改造工程之后，湖区水域面积变广。通过访问渔民和网具捕捞调查青海湖共有鱼类：鲫鱼（*Carassius auratus auratus*）、鲤鱼（*Cyprinus carpio*）为该湖区优势种和经济物种，还有少量泥鳅（*Misgurnus anguillicaudatus*）、黄鳝（*Monopterus albus*）、草鱼（*Ctenopharyngodon idella*）、鲢鱼（*Hypophthalmichthys molitrix*）和鳙鱼（*Hypophthalmichthys nobilis*），此外还有麦穗鱼（*Pseudorasbora parva*）、食蚊鱼（*Gambusia affinis*）、中华鳑鲏（*Rhodeus sinensis*）和鰕虎鱼等野杂鱼类。

3.7 莲花池

3.7.1 自然概况

（1）地理位置

莲花池又名莲花湖，位于祥云县县城东北约13km处的禾甸西北角，在大溯村、小溯村、上莲村、红旗村之间，因昔日湖内盛开莲花而得名。地理坐标东经100°38′~100°49′，北纬25°30′~25°35′。现湖泊水面面积4.12km²，流域面积111.72km²。现场调查时由于近年来的持续干旱，莲花池水面急剧萎缩。

（2）气 候

流域属北亚热带偏北高原季风气候区，有5个明显的气候特点，一是四季变化不明显，冬无严寒，夏无酷暑，常年平均气温14.7℃，1月平均气温8.1℃，7月平均气温19.7℃；二是冬春恒温，夏秋多雨，干湿季分明；三是年降雨量少，年均降雨量810.8mm，境内西部、北部、东南部平均年降雨量大于800mm，东部、南部平均年降雨量小于700mm；四是年日照时数长，日照时数为2030.2~2623.9h，居全省第四位；五是海拔悬殊，气候垂直分布明显，水平分布复杂。

（3）地质地貌

流域位于扬子准地台和滇西横断山脉接合部，属横断山系云岭余脉，坐落于金沙江、红河水系的分水岭上，地势呈西北高东南低状，总体呈南北走向，较为破碎，略呈三级阶梯状下降。流域一部分属第四系全新统洪积层，地貌呈扇形展开；另一部分为第四系全新统冲湖积层，由西向东至青海湖晒经坡，地貌呈倾斜状。

（4）土壤植被

土壤结构主要以红壤土为主，成土固岩主要是砂岩、石灰岩、页岩及玄武岩，红壤土板结、腐殖质层薄，保水保肥能力差。适宜种植的粮食作物有玉米、水稻、大小麦，经济作物有蚕桑、烤烟、亚麻、水果、干果、油菜、蚕豆等。

3.7.2 社会环境概况

（1）行政区划

莲花池流域位于祥云县的禾甸镇，涉及4个村委会，分别为大棚、上赤、茨芭、下莲。

（2）经济状况

禾甸镇以农业经济为主，主要有粮食、烤烟、蚕桑、亚麻等作物。

（3）土地利用

流域内主要的土地利用类型为旱地，约占流域总面积的49%；其次是灌木林地，约占流域总面积的22%。土地利用状况见表3-13。

表3-13 莲花池流域土地利用现状

序号	土地利用类型	面积（km²）	所占比例（%）
1	水田	8.10	7.25
2	旱地	54.51	48.79
3	有林地	14.97	13.40
4	灌木林地	24.83	22.23
5	其他林地	1.50	1.34
6	水库坑塘	1.77	1.58
7	农村居民用地	1.13	1.01
8	裸岩石砾地	4.91	4.40
	合计	111.72	100.00

3.7.3 水 质

由于连续4年干旱，湖区已经基本干涸，因此仅采集了一个水样，水质检测结果只能作为参考，与蓄水后的水质状况可能会有较大差别。

莲花池水质类别总体为 V 类，TN 1.17mg/L；TP 0.026mg/L；NH_4^+-N 0.25mg/L；COD_{Mn} 7.4mg/L；Chl a 0.023μg/L。

3.7.4 藻　类

由于干涸原因，没有采集藻类样品。

3.7.5 大型水生植物

原有水面面积为4.1 km²，由于连续4年干旱，湖区已经基本干涸；虽经过2013年雨季的雨水洪积，有一定的水面，但也仅有约100亩。水生植物以挺水和湿生植物为主，如五节芒、水蓼、野灯心草、水花生等，无沉水、浮叶、漂浮植物的分布。

表3-14　莲花池大型水生植物名录

序号	中文名	拉丁名	所属科名	生活型
1	水蓼	*Polygonum hydropiper*	蓼科	挺水
2	野灯心草	*Juncus setchuensis*	灯心草科	挺水
3	五节芒	*Miscanthus floridulu*	禾本科	挺水

3.7.6 浮游动物

由于干涸原因，没有采集浮游动物样品。

3.7.7 底栖动物

由于干涸原因，没有采集底栖动物样品。

3.8　拉市海

3.8.1　自然概况

（1）地理位置

拉市海流域位于丽江市玉龙县东部，位于丽江古镇的西部，距离丽江市中心8km。拉市海流域位于玉龙雪山自然保护区南部，为拉市海高原湿地省级自然保护区的主体部分，位于东经100°05′~100°13′，北纬26°44′~27°00′之间，现湖泊水面面积7.62km², 流域面积211.28km²。

（2）气　候

流域属低纬度高原气候区，按气温垂直差异和气候学原则划分，可分为山地暖温带、山地寒温带两个气候类型。平均气温8.8℃，大于10℃年积温2254℃，霜期200d，年降水量900~1200mm，陆面蒸发量为500~600mm，年日照时数2500~2750h。

（3）地质地貌

拉市海流域地处滇西横断山系的西缘，北靠云岭山脉主峰、海拔5596m的玉龙雪山，为玉龙雪山南麓的残存高原面。拉市海流域位于青藏滇缅印尼"歹"字形构造体系及北东向构造体系的复合部位。区域内断裂构造主要表现为北东及北西向两组交叉的共轭断裂及受断裂控制的断块褶皱。拉市海湖泊是不断接受冰川、河流、湖泊沼泽等沉积物堆积而形成的断陷湖泊。

拉市海流域处于青藏高原东南边缘横断山脉向云贵高原过渡的衔接地段，兼有横断山峡谷和滇西高原的地貌特征，属高山峡谷区，山高谷深，河流深切。从整体分布看，山脉水系均朝南北向延伸，地势由北向南倾斜，常形成条状陡峻山梁，其间又有成块断陷的山间盆地，流域内岩石出露主要为灰岩及玄武岩。

拉市海流域属中高山地貌，周围群山高程在2905~3830m之间，北面的阿才雄吉山（3830m）是流域内的最高峰，盆地最低点海拔高程为2437m，中部为拉市海盆地，高程在2437~2500m之间。流域东西宽约13km，南北长约29.5km，西部与金沙江有莫古山为分水岭。盆地排洪无明显出口，靠指云寺附近岩溶地带的落水洞群排泄，因泄洪能力有限，盆地中心形成季节性湖泊，俗称拉市海，属金沙江水系。

（4）土壤植被

拉市海流域地处中山、亚高山地段，土壤类型有暗棕壤、棕壤、红壤、冲积土和水稻土等。海拔3200m以上亚高山地区，植被以混生的针叶林、阔叶林及杜鹃灌丛为主；海拔2600~3200m中山地带为棕壤，植被以高山松纯林或松栎混交林为主；海拔2500~3000m地带为红壤，植被类型以云南松纯林、高山松、栎类或松栎混交林为主。

3.8.2　社会环境概况

（1）行政区划

流域位于丽江玉龙县境内的拉市乡和太安乡境内，含8个村委会。分别为：拉市乡的南尧、均良、美泉、海南、吉余，太安乡的吉子、海西、天红。

（2）经济状况

太安乡以农业经济为主，属于典型的高寒山区，农作物一年一熟。人均耕地面积4.8

亩,是"丽江市的马铃薯之乡",是"秋油菜之乡"。

拉市乡是典型的"一坝一乡",坝区海拔2400m,山区最高海拔3800m。全乡拥有耕地面积23266亩,其中,水田924亩,旱地22342亩,低产田较多,主要盛产小麦、玉米等粮食作物及辣椒、苹果、冬桃、白芸豆、山药、蚕豆等经济作物。

(3) 土地利用

流域内主要的土地利用类型为有林地,约占流域总面积的67%;其次是水田和旱地。土地利用状况见表3-15。

表3-15 拉市海流域土地利用现状

序号	土地利用类型	面积（km²）	所占比例（%）
1	有林地	141.12	66.79
2	灌木林地	4.77	2.26
3	疏林地	1.36	0.64
4	草地	4.79	2.27
5	水库坑塘	1.24	0.59
6	拉市海	1.69	0.80
7	农村居民用地	4.3	2.04
8	水田	25.64	12.14
9	旱地	23.01	10.89
10	其他建筑用地	2.98	1.41
11	沼泽地	0.38	0.17
	合计	211.28	100.00

3.8.3 水　质

拉市海水质类别总体为Ⅲ类,TN 0.081~0.13mg/L,均值0.11mg/L;TP 0.019~0.023mg/L,均值0.021mg/L;NH_4^+-N 0.033~0.059mg/L,均值0.047mg/L;COD_{Mn} 4.53~5.58mg/L,均值4.98mg/L;Chl a 0.52~2.5μg/L,均值1.2μg/L;透明度1.8~2.2m,年均值2.0m;富营养化指数为32.1,处于中度营养状态。

3.8.4 藻　类

浮游植物优势种:水华微囊藻（*Microcystis flosaquae*）、铜绿微囊藻（*M. aeruginosa*）、

放射微囊藻（*M. botrys*）；常见种：对栅藻（*Scenedesmus bijuga*）、小形色球藻（*Chroococcus minor*）、水华束丝藻（*Aphanijomenon flosaquae*）、鼓藻（*Cosmarium sp.*）、草履形波缘藻（*Cymatopleura solea*）。数量 544.50～1923.09×10^4 cells/L，平均数量 1028.10×10^4 cells/L。数量结构中，蓝藻门占 69.4%；绿藻门占 26.2%；隐藻门占 2.1%；硅藻门占 1.7%；裸藻门占 0.4%；甲藻门占 0.2%。浮游植物种群指示水质尚好，湖泊营养化水平处于中营养阶段。

3.8.5 大型水生植物

湖中均有水生植物分布，主要呈斑块状或带状分布。水生植物以沉水植物为主，群落类型为微齿眼子菜群落、竹叶眼子菜群落、海菜花群落等，全湖分布最广的水生植物为微齿眼子菜，其次为竹叶眼子菜，各群落伴生其他水生植物；在湖岸边偶见荸荠群落，呈点状分布；水生植被覆盖度为 95% 以上。

采集到 20 种大型水生植物（见表 3-16），其中 14 种沉水植物、1 种浮叶植物、5 种挺水植物。

在湖内，随机进行定量采样 3 次，生物量为 1516.4～4173.6g/m^2·FW，平均为 2463.1g/m^2·FW；其中，微齿眼子菜占 56.6%，轮藻类占 40.8%，优势种为微齿眼子菜。

表 3-16 拉市海大型水生植物名录

序号	中文名	拉丁名	所属科名	生活型
1	穿叶眼子菜	*Potamogeton perfoliatus*	眼子菜科	沉水
2	穗状狐尾藻	*Myriophyllum spicatum*	小二仙草科	沉水
3	黑藻	*Hydrilla verticillata*	水鳖科	沉水
4	微齿眼子菜	*Potamogeton maackianus*	眼子菜科	沉水
5	轮藻类	*Charophyta*	轮藻科	沉水
6	大茨藻	*Najas marina*	茨藻科	沉水
7	金鱼藻	*Ceratophyllum demersum*	金鱼藻科	沉水
8	篦齿眼子菜	*Potamogeton pectinatus*	眼子菜科	沉水
9	水毛茛	*Batrachium bungei var. bungei*	毛茛科	沉水
10	海菜花	*Ottelia acuminata*	水鳖科	沉水
11	菹草	*Potamogeton crispus*	眼子菜科	沉水

续　表

序号	中文名	拉丁名	所属科名	生活型
12	草茨藻	*Najas graminea*	茨藻科	沉水
13	竹叶眼子菜	*Potamogeton malaianus*	眼子菜科	沉水
14	杉叶藻	*Hippuris vulgaris*	杉叶藻科	沉水（或挺水）
15	两栖蓼	*Polygonum amphibium*	蓼科	浮叶
16	水葱	*Schoenoplectus tabernaemontani*	莎草科	挺水
17	具刚毛荸荠	*Eleocharis valleculosa* var. *setosa*	莎草科	挺水
18	芦苇	*Phragmites australis*	禾本科	挺水
19	菰	*Zizania latifolia*	禾本科	挺水
20	水蓼	*Polygonum hydropiper*	蓼科	挺水

3.8.6　浮游动物

浮游动物优势种是盘状游仆虫（*Euplotes patella*）、大肚须足轮虫（*Euchlanis dilatata*）、简弧象鼻溞、刘氏中剑水蚤（*Mesocyclops leuckarti*）、剑水蚤桡足幼体和无节幼体。浮游动物物种比较多，但密度不高，原生动物、轮虫和桡足类密度分别为 750 个/L、130 个/L 和 0.2 个/L。定量标本中未检测到枝角类。

3.8.7　底栖动物

采集了 3 个样品，但未发现底栖动物。

3.8.8　鱼　类

拉市海鱼类记录最早是 1990 年，仅有鱼类麦穗鱼（*Pseudorasbora parva*）、鲫鱼（*Carassius auratus auratus*）、泥鳅（*Misgurnus anguillicaudatus*）和黄鳝（*Monopterus albus*）4 种。此次渔民渔获物和访问调查发现，拉市海土著鱼类秀丽高原鳅（*Triplophysa venusta*）已经灭绝，小裂腹鱼（*Schizothorax parvus*）也已经绝迹，土著的鲫鱼也被引种高背鲫鱼所代替。随着外来鱼类的引入，也带来了鰕虎鱼、鳑鲏、食蚊鱼和麦穗鱼。目前仅有少量的鲤鱼、草鱼、鳙鱼、团头鲂、虹鳟和池沼公鱼，主要的经济鱼类以鲫鱼、鲤鱼为主。

3.9 文 海

3.9.1 自然概况

(1) 地理位置

文海位于玉龙山主峰扇子陡西南麓,平均海拔3180m,是云南丽江拉市海高原湿地省级自然保护区的片区之一。位于东经100°09′~100°10′,北纬26°57′~26°59′之间,现湖泊水面面积2.20km^2,流域面积23.67km^2。

(2) 气 候

流域属低纬度高原气候区,按气温垂直差异和气候学原则划分,可分为山地暖温带、山地寒温带两个气候类型。平均气温8.8℃,大于10℃年积温2254℃,霜期200d,年降水量900~1200mm,陆面蒸发量为500~600mm,年日照时数2500~2750h。

(3) 地质地貌

流域地处滇西横断山系的西缘,北靠云岭山脉主峰、海拔5596m的玉龙雪山,为玉龙雪山南麓的残存高原面。文海流域位于青藏滇缅印尼"歹"字形构造体系及北东向构造体系的复合部位。区域内断裂构造主要表现为北东及北西向两组交叉的共轭断裂及受断裂控制的断块褶皱。文海是不断接受冰川、河流、湖泊沼泽等沉积物堆积而形成的断陷湖泊。

流域处于青藏高原东南边缘横断山脉向云贵高原过渡的衔接地段,兼有横断山峡谷和滇西高原的地貌特征,属高山峡谷区,山高谷深,河流深切。从整体分布看,山脉水系均朝南北向延伸,地势由北向南倾斜,常形成条状陡峻山梁,其间又有成块断陷的山间盆地,流域内岩石出露主要为灰岩及玄武岩。

(4) 土壤植被

流域地处中山、亚高山地段,土壤类型有暗棕壤、棕壤、红壤、冲积土和水稻土等。海拔3200m以上亚高山地区,植被以混生的针叶林、阔叶林及杜鹃灌丛为主;海拔2600~3200m中山地带为棕壤,植被以高山松纯林或松栎混交林为主;海拔2500~3000m地带为红壤,植被类型以云南松纯林、高山松、栎类或松栎混交林为主。

3.9.2 社会环境概况

(1) 行政区划

文海流域位于丽江玉龙县的白沙乡,含文海一个村委会。

(2) 经济状况

白沙乡拥有耕地面积22180亩，均为旱地；乡内森林及草甸分布较广；旅游资源丰富。经济以农业经济为主，种植传统作物小麦、玉米、蚕豆，正着力推广种植玉龙红梨、秋油菜、无公害蔬菜、白芸豆、无毒马铃薯等经济作物；畜牧业养殖本地黄牛、本地山羊、西门达尔牛等。旅游业发展较快。

(3) 土地利用

流域内主要的土地利用类型为有林地，占流域总面积约75%；其次是滩地、河流水面等。土地利用状况见表3-17。

表3-17 文海流域土地利用现状

序号	土地利用类型	面积（km²）	所占比例（%）
1	草地	0.32	1.16
2	旱地	0.10	0.35
3	有林地	17.26	75.06
4	灌木林地	0.31	1.12
5	疏林地	0.08	0.28
6	水库坑塘	1.22	4.45
7	滩地	2.23	9.38
8	其他建筑用地	0.04	0.13
9	裸岩石砾地	0.17	0.62
10	河流水面	1.33	5.22
11	空闲地	0.61	2.23
合计		23.67	100

3.9.3 水 质

由于连续4年干旱，湖区已经基本干涸，因此仅采集了一个水样，水质检测结果只能作为参考，与蓄水后的水质状况可能会有较大差别。

文海水质类别总体为Ⅱ类，TN 0.052mg/L；TP 0.024mg/L；NH_4^+-N 0.028mg/L；COD_{Mn} 3.6mg/L；Chl a 0.109μg/L。

3.9.4 藻 类

由于干涸原因,没有采集藻类样品。

3.9.5 大型水生植物

由于干涸原因,没有采集大型水生植物样品。

3.9.6 浮游动物

由于干涸原因,没有采集浮游动物样品。

3.9.7 底栖动物

由于干涸原因,没有采集底栖动物样品。

3.10 纳帕海

3.10.1 自然概况

(1)地理位置

纳帕海位于香格里拉县城西北部,距县城 8km。流域三面环山,冬夏季节,山岭积雪,纳曲河、奶子河等十余条河弯弯曲曲,流经草原注入纳帕海,西北面的辛雅拉雪山山麓有天然落水洞九处,湖水经过溶洞,从尼西乡汤满河排出,流入金沙江。湖泊地理坐标东经 99°37′~99°43′,北纬 27°49′~27°55′,现湖泊水面面积 14.98km²,流域面积 669.2km²。

(2)气 候

区域属高原寒温带季风性湿润气候,温度低,霜期长,春秋季短且长冬无夏。冬季严寒,极端最低气温 -27℃,极端最高气温 25.3℃。气温年差较小,平均为 16℃,气温日差较大,平均为 20℃。年均降雨量 625.4mm,且干湿季分明,6~10 月为明显湿季,11 月至次年 5 月为明显干季。蒸发量 1670.6mm,相对湿度 70%,年平均日照数 2186.6h,日照率 49%,无霜期 123.8d。

(3)地质地貌

纳帕海地处青藏高原东南缘横断山脉三江纵谷区东部,为镶嵌于横断山系高山峡谷区断陷盆地中的高原沼泽湿地,地质构造上属滇西地槽褶皱系,古生界印支槽褶皱带,中甸剑川岩相带,分布有从寒武纪到三叠纪各时代的石灰岩,以及大量的冰碛物及河流相沉积物、第四系冲积、洪积、冰碛、湖积、坡积残积物等。纳帕海地貌形态较为复杂,具有冰川地貌、流水地貌、湖成地貌、喀斯特地貌、构造地貌等类型及其组合特征,四周山岭环绕。湖盆发育在石灰岩母质的中甸高原上,湖盆一侧为中甸主断裂带,另一侧具有宽阔的浅水带,呈簸箕形,南北长12km,东西宽6km,受喀斯特作用的强烈影响,纳帕海湖盆底部被蚀穿形成落水洞。

（4）土壤植被

区域土壤为亚高山草甸土,根据土壤剖面性状,可划分为中生草甸土、湿草甸土和沼泽土。在植物区系上属东亚植物区—中国喜马拉雅森林植物亚区—横断山脉地区特有的裸子植物,如苞冷杉、太果红杉、高山松、常绿硬叶栎类中的高山组部分;并分别构成种群单一、结构较为简单的纯林,如杜鹃花属、报春属、龙胆属等高山花卉。

3.10.2 社会环境概况

（1）行政区划

流域位于香格里拉县建塘镇,涉及解放、诺西、尼史三个村委会。

（2）经济状况

建塘镇的农业结构主要是半农半牧,农作物主要有青稞、马铃薯、荞子等,牧业主要有牦牛、犏牛、绵羊等。纳帕海流域内有优良的天然牧场,是周围牧民放牧的主要场所。

（3）土地利用

流域面积为669.2km^2,主要的土地利用类型为有林地、裸岩、草地、沼泽地和永久性冰川。

3.10.3 水　质

纳帕海水质类别总体为Ⅴ类,TN 0.67～1.59mg/L,均值1.24mg/L;TP 0.099～0.12mg/L,均值0.11mg/L;NH_4^+-N 0.27～0.57mg/L,均值0.45mg/L;COD_{Mn} 4.5～6.9mg/L,均值5.5mg/L;Chl a 0.90～2.4μg/L,均值1.7μg/L;透明度0.85～1.4m,年均值1.2m;富营养化指数为40.3,处于中度营养状态。

3.10.4 藻　类

优势种:水华束丝藻（*Aphanijomenon flosaquae*）、球形鱼腥藻（*Anabaena sphaerica*）、舟形藻（*Navicula spp.*）、菱形藻（*Nitzschia spp.*）;常见种:脆杆藻（*Fragilaria spp.*）、

栅藻（*Scenedesmus sp.*）、辐节藻（*Stauroneis spp.*）。数量 84.22~786.86×10^{4}cells/L，平均数量 327.54×10^{4}cells/L。数量结构中，蓝藻门占 61.6%；绿藻门占 15.0%；硅藻门占 12.1%；隐藻门占 10.3%；裸藻门占 0.7%；金藻门占 0.3%。纳帕海硅藻门种类和数量颇多，浮游植物种群指示水质尚好，湖泊营养化水平处于中营养阶段。

3.10.5 大型水生植物

湖中均有水生植物分布，主要呈斑块状或带状分布。水生植物以沉水植物和挺水植物为主，群落类型为浮叶眼子菜+篦齿眼子菜群落、穗状狐尾藻群落、菰群落、两栖蓼群落和杉叶藻群落等，全湖分布最广的水生植物为浮叶眼子菜、杉叶藻、穗状狐尾藻和两栖蓼，主要分布于湖湾及水较浅处；群落中伴生其他水生植物；在湖岸边可见菰群落；水生植被覆盖度为 40%~50%。

采集到 10 种大型水生植物（见表 3-18），其中 5 种沉水植物、2 种浮叶植物、3 种挺水植物。

在湖内，随机进行定量采样 3 次，生物量为 292~1458.4g/m^2·FW，平均为 919.7g/m^2·FW；其中，两栖蓼占 32.7%，浮叶眼子菜占 60.2%。

表 3-18 纳帕海大型水生植物名录

序号	中文名	拉丁名	所属科名	生活型
1	水毛茛	*Batrachium bungei var. bungei*	毛茛科	沉水
2	篦齿眼子菜	*Potamogeton pectinatus*	眼子菜科	沉水
3	黄花狸藻	*Utricularia aura*	狸藻科	沉水
4	穗状狐尾藻	*Myriophyllum spicatum*	小二仙草科	沉水
5	杉叶藻	*Hippuris vulgaris*	杉叶藻科	沉水（或挺水）
6	浮叶眼子菜	*Potamogeton natans*	眼子菜科	浮叶
7	两栖蓼	*Polygonum amphibium*	蓼科	浮叶
8	水葱	*Schoenoplectus tabernaemontani*	莎草科	挺水
9	菰	*Zizania latifolia*	禾本科	挺水
10	水蓼	*Polygonum hydropiper*	蓼科	挺水

3.10.6 浮游动物

浮游动物优势种：钝漫游虫（*Litonotus obtusus*）、长肢多肢轮虫（*Polyarthra doli-*

choptera)、颈沟基合溞（*Bosminopsis deitersi*）、剑水蚤桡足幼体和无节幼体。浮游动物物种较少，密度也不高，原生动物、轮虫和桡足类密度分别为 950 个/L、125 个/L 和 0.1 个/L。定量标本中未检测到枝角类。

3.10.7 底栖动物

本次调查中在纳帕海采集到 6 种底栖动物，其中寡毛类环节动物仅 1 种、软体动物和水生昆虫各 2 种，另外还有钩虾 1 种。其中霍甫水丝蚓（*Limnodrilus hoffmeisteri*）占绝对优势，占密度的 99% 以上。该湖的底栖动物平均密度为 3077.3ind./m^2，平均生物量为 6.97g/m^2。

3.10.8 鱼 类

据相关文献记载，纳帕海记录有鱼类 4 种：短须裂腹鱼（*Schizothorax wangchiachii*）、中甸叶须鱼（*Ptychobarbus chungtienensis chungtienensis*）、麦穗鱼（*Pseudorasbora parva*）、泥鳅（*Misgurnus anguillicaudatus*）。其中麦穗鱼为外来种，鱼类区系组成十分简单。本次野外调查，纳帕海鱼类组成变化不大，除了以上提到的 4 种鱼以外，还有鲫鱼的分布。

3.11 碧塔海

3.11.1 自然概况

（1）地理位置

碧塔海位于云南省西北部香格里拉市境内普达措国家公园里。为断层构造湖，湖面呈海螺形状，湖面海拔 3539m，东西长约 3000m，南北平均宽 700m，最宽处约 1500m，最窄处约 300m。平均水深 20m。地理坐标：东经 99°58′~100°04′，北纬 27°48′~27°49′。现湖泊水面积 1.69km²，流域面积 18.86km²。

（2）气 候

区域属高原寒温带季风性湿润气候，长冬无夏，夏秋相连，降水丰富，干湿季分明。年均温 5.6℃，冬季湖面封冻 3~4 个月，山地积雪达 7~8 个月；年降水量 620mm，其中 82% 的降水集中在 6~10 月，年日照时数 2185h。

（3）地质地貌

碧塔海地处金沙江两条一级支流冲天河和硕多岗河的分水岭部位，经构造抬升和河流等外力的侵蚀切割，形成了现今的丘陵状高原地貌分水岭，海拔3762~3878m，山湖之间相对高差223~342m。整个流域呈东南西北向不规则的椭圆形，湖周为浅切割高山所环绕，期间是东西向葫芦形半封闭碧塔海小型盆地。湖畔发育湖积洼地受地貌格局的控制，整个流域形成了山地、洼地、湖盆等镶嵌分布的地貌格局。

（4）土壤植被

土壤在水平方向上属于暗棕壤带，湖滨洼地为沼泽草甸土，3700m以上的山地阴地发育有棕色暗针叶林土，并与暗棕壤交错分布。在植物区系上属东亚植物区—中国喜马拉雅森林植物亚区—横断山脉地区特有的裸子植物，如苞冷杉、太果红杉、高山松、常绿硬叶栎类中的高山组部分；并分别构成种群单一、结构较为简单的纯林，如杜鹃花属、报春属、龙胆属等高山花卉。

3.11.2 社会环境概况

（1）行政区划

碧塔海流域涉及迪庆州香格里拉市建塘镇的红坡村委会。

（2）经济状况

建塘镇以农牧业经济为主，农业结构主要是半农半牧，农作物主要有青稞、马铃薯、荞子等，牧业主要有牦牛、犏牛、绵羊等。流域内有优良的天然牧场，是周围牧民放牧的主要场所。

（3）土地利用

流域内主要的土地利用类型为有林地，约占流域总面积的85%；其次是湖泊，约占流域总面积的9%。土地利用状况见表3-19。

表3-19 碧塔海流域土地利用现状

序号	土地利用类型	面积（km²）	所占比例（%）
1	有林地	15.98	84.73
2	疏林地	0.11	0.58
3	草地	0.54	2.86
4	湖泊	1.7	9.01
5	河渠	0.41	2.17
6	其他建筑用地	0.12	0.65
	合计	18.86	100

3.11.3 水　质

碧塔海水质类别总体为Ⅳ类，TN 0.081～0.10mg/L，均值0.091mg/L；TP 0.062～0.080mg/L，均值0.070mg/L；NH_4^+-N 0.033～0.069mg/L，均值0.050mg/L；COD_{Mn} 3.9～4.3mg/L，均值4.2mg/L；Chl a 11.2～12.1μg/L，均值11.7μg/L；透明度1.5～1.8m，年均值1.6m；富营养化指数为39.9，处于中度营养状态。

3.11.4 藻　类

浮游植物优势种：多变鱼腥藻（*Anabaena variabilis*）、水华束丝藻（*Aphanizomenon flosaquae*）、不定微囊藻（*Microcystis incerta*）、小新月藻（*Closterium venus*）；常见种：奇异角星鼓藻（*Closterium paratoxum*）、小球藻（*Chlorella vulgaris*）、针状蓝纤维藻（*Dactylococcopsis acicularis*）、衣藻（*Chlamydomonas spp.*）、广缘小环藻（*Cyclotella bodanica*）等。浮游植物数量445.80～1018.50×10^4cells/L，平均数量779.70×10^4cells/L。数量结构特征为绿藻门占55.3%；蓝藻门占42.6%；隐藻门占1.7%；硅藻门占0.4%。浮游植物种群结构以绿藻和蓝藻占绝对优势，指示水质受到一定程度有机污染，湖泊处于中营养阶段。

3.11.5 大型水生植物

湖中除水较深的区域外，均有水生植物分布，主要呈斑块状或带状分布。水生植物以沉水植物和挺水植物为主，群落类型为光叶眼子菜群落和穗状狐尾藻群落，全湖分布最广的水生植物为光叶眼子菜，其次为穗状狐尾藻，群落中伴生其他水生植物；湖岸生有少量挺水植物；水生植被覆盖度为70%～80%。

采集到4种大型水生植物（见表3-20），均为沉水植物。

在湖内，随机进行定量采样3次，生物量为235.2～986.4g/m^2·FW，平均为712.9g/m^2·FW；其中，光叶眼子菜占95.4%，优势种为光叶眼子菜。

表3-20　碧塔海大型水生植物名录

序号	中文名	拉丁名	所属科名	生活型
1	穗状狐尾藻	*Myriophyllum spicatum*	小二仙草科	沉水
2	杉叶藻	*Hippuris vulgaris*	杉叶藻科	沉水（或挺水）
3	光叶眼子菜	*Potamogeton lucens*	眼子菜科	沉水
4	小叶眼子菜	*Potamogeton pusillus*	眼子菜科	沉水

3.11.6 浮游动物

浮游动物优势种：球形砂壳虫（*Difflugia globulosa*）、广布多肢轮虫（*Polyarthra vnlgaris*）、蚤状溞（*Daphnia pulex*）、锯缘真剑水蚤（*Eucyclops serrulatus*）、桡足幼体和无节幼体。浮游动物物种比较稀少，密度也较低，原生动物、轮虫和桡足类密度分别为 700 个/L、25 个/L 和 0.1 个/L。定量标本中没检测到枝角类。

3.11.7 底栖动物

本次调查中在碧塔海采集到 13 种底栖动物，其中水生昆虫 6 种，寡毛类环节动物 2 种，软体动物 3 种，钩虾 2 种。优势种类：钩虾属一种（*Gammarus sp.*）、正颤蚓（*Tubifex tubifex*）、螅（*Caenagrion sp.*）和划蝽科一种（*Corixidae sp.*）。未采集到寡毛类环节动物和水生昆虫。其他种类均零星出现。该湖的底栖动物平均密度为 339.2ind./m^2，平均生物量为 3.9562g/m^2。

3.11.8 鱼 类

碧塔海仅分布有中甸叶须鱼（*Ptychobarbus chungtienensis chungtienensis*）一种鱼类，该鱼也分布于香格里拉的小中甸河、那亚河、纳帕海和属都湖，碧塔海里没有其他土著鱼类和外来鱼类，本次调查主要是通过访问与文献资料调查，并没有进行鱼类标本的采集。

3.12 属都湖

3.12.1 自然概况

（1）地理位置

属都湖隶属于普达措国家公园，位于香格里拉东北部 35km 处，地理坐标为东经 99°56′~99°57′，北纬 27°54′~27°55′。现湖泊水面面积 1.44km^2，流域面积 22.62km^2。

（2）气 候

区域气候主要受西南季风控制，干湿季分明。6~10 月，受西南暖湿气流影响，阴雨天气多，雨量占全年雨量的 80%，形成湿季。11~5 月，受干暖的南支西风急流控制，降水量仅占全年降水量的 20%，晴天多，光照足，蒸发量大，形成干季。

（3）地质地貌

属都湖地处青藏高原东南缘横断山脉三江纵谷区东部，为镶嵌于横断山系高山峡谷区断陷盆地中的高原沼泽湿地,地质构造上属滇西地槽褶皱系,古生界印支槽褶皱带,中甸剑川岩相带,分布有从寒武纪到三叠纪各时代的石灰岩,以及大量的冰碛物及河流相沉积物、第四系冲积、洪积、冰碛、湖积、坡积残积物等。

(4)土壤植被

区域土壤为亚高山草甸土,根据土壤剖面性状,可划分为中生草甸土、湿草甸土和沼泽土。在植物区系上属东亚植物区—中国喜马拉雅森林植物亚区—横断山脉地区,具有原始典型的高原湖泊自然生态系统,森林覆盖率70%。特有的裸子植物,如苞冷杉、太果红杉、高山松、常绿硬叶栎类中的高山组部分,并分别构成种群单一,结构较为简单的纯林,如杜鹃花属、报春属、龙胆属等高山花卉。

3.12.2 社会环境概况

(1)行政区划

属都湖流域内含2个乡镇,即建塘镇和格咱乡;2个村委会,分别为红坡和格咱。

(2)经济状况

建塘镇的农业结构主要是半农半牧,农作物主要有青稞、马铃薯、荞子等,牧业主要有牦牛、犏牛、绵羊等。

格咱乡的农业结构主要是半农半牧,充分发挥畜牧业的传统优势,培育畜牧养殖重点户、示范户,鼓励部分农民开办个体养殖业。

流域内有优良的天然牧场,是周围牧民放牧的主要场所。

(3)土地利用

流域内主要的土地利用类型为有林地,约占流域总面积的55%;其次是草地、湖泊等。土地利用状况见表3-21。

表3-21 属都湖流域土地利用现状

序号	土地利用类型	面积(km²)	所占比例(%)
1	有林地	12.46	55.42
2	疏林地	0.58	2.59
3	草地	6.46	28.72
4	湖泊	1.79	7.96
5	其他建筑用地	0.14	0.62
6	裸岩石砾地	1.19	4.69
	合计	22.62	100.00

3.12.3 水 质

属都湖水质类别总体为Ⅲ类，TN 0.28～0.30mg/L，均值 0.29mg/L；TP 0.017～0.019mg/L，均值 0.018mg/L；NH_4^+-N 0.20～0.23mg/L，均值 0.21mg/L；COD_{Mn} 5.5～5.8mg/L，均值 5.7mg/L；Chl a 3.8～5.7μg/L，均值 4.7μg/L；透明度 2.1～2.5m，年均值 2.3m；富营养化指数为 38.2，处于中度营养状态。

3.12.4 藻 类

浮游植物优势种：华丽星杆藻（Asterionella formosa）、蹄形藻（Kirchneriella spp.）；常见种为栅藻（Scenedesmus spp.）、盘星藻（Pediastrum spp.）、卵囊藻（Oecystis spp.）、角星鼓藻（Staurastrum spp.）、飞燕角甲藻（Ceradium hirundinella）。数量 356.70～461.70×10^4 cells/L，平均数量 409.20×10^4 cells/L。数量结构中，绿藻门占 61.4%；蓝藻门占 21.0%；硅藻门占 16.1%；隐藻门占 1.2%；甲藻门占 0.2%；裸藻门占 0.1%。浮游植物种群结构指示水质优良，湖泊营养化水平处于中营养阶段。

3.12.5 大型水生植物

湖中水生植物分布较少，主要呈斑块状分布。水生植物以挺水植物和沉水植物为主，群落类型为光叶眼子菜群落、杉叶藻群落等，全湖分布最广的水生植物为光叶眼子菜；在湖岸边偶见荸荠群落，呈点状分布；水生植被覆盖度不到 1%。

采集到 3 种大型水生植物（见表 3-22），2 种沉水植物、1 种挺水植物。

在湖内，随机进行定量采样 2 次，生物量为 838.4～1430g/m^2·FW，平均为 1134.2g/m^2·FW；其中，光叶眼子菜占 63.1%，杉叶藻占 36.9%。

表 3-22 属都湖大型水生植物名录

序号	中文名	拉丁名	所属科名	生活型
1	光叶眼子菜	*Potamogeton lucens*	眼子菜科	沉水
2	杉叶藻	*Hippuris vulgaris*	杉叶藻科	沉水(或挺水)
3	荸荠	*Eleocharis dulcis*	莎草科	挺水

3.12.6 浮游动物

浮游动物优势种：球形砂壳虫（Difflugia globulosa）、杯环睫纤虫（Ophrydium

versatile）和囊形单趾轮虫（*Monostyla bulla*）。浮游动物物种较少，密度也很低，原生动物、轮虫、枝角类和桡足类密度分别为55个/L、25个/L、0.1个/L和0.1个/L。

3.12.7 底栖动物

本次调查中在属都湖采集到8种底栖动物，其中寡毛类环节动物2种，摇蚊幼虫3种，软体动物各2种，水生昆虫仅1种，其中摇蚊属（*Chironomus sp.*）、颤蚓属（*Tubifex sp.*）和钩虾属（*Gammarus sp.*）为优势种，其他种类较少。该湖的底栖动物平均密度为234.7ind./m^2，平均生物量为1.28g/m^2，其中寡毛类环节动物和摇蚊幼虫占优势。

3.12.8 鱼 类

根据当地人的访问调查，目前属都湖主要分布有鲤鱼（*Cyprinus carpio*）、草鱼（*Ctenopharyngodon idella*）、鲫鱼（*Carassius auratus auratus*）、鲢鱼（*Hypophthalmichthys molitrix*）和鳙鱼（*Hypophthalmichthys nobilis*），此外还分布有麦穗鱼（*Pseudorasbora parva*）和泥鳅（*Misgurnus anguillicaudatus*）。但据1990年高礼存的调查记录：属都湖仅仅有鱼类2种，昆明裂腹鱼（*Schizothorax grahami*）和中甸叶须鱼（*Ptychobarbus chungtienensis chungtienensis*）。此次调查结果显示，属都湖中的昆明裂腹鱼和中甸叶须鱼已经在湖体中灭绝。

4 滇南湖群

4.1 长桥海

4.1.1 自然概况

(1) 地理位置

长桥海,又名鲤海、矣波黑。在红河州蒙自市北部文澜镇北约6km处。历史上曾与西部的大屯海连成一片。位于东经103°19′~103°23′,北纬23°25′~23°27′之间,现湖泊水面面积10.24km^2,流域面积167km^2。

(2) 气 候

湖区属南亚热带高原季风气候,多年平均气温18.7℃,极端最低气温-4.4℃。多年平均日照时数2235h。年无霜期340d,年降水量834.2mm,最大年降水量955mm,最小年降水量283.5mm。年内降水集中于7~9月,蒸发量1428.2mm。

(3) 地质地貌

流域属于滇东高原区,位于高原的核心部分,地势起伏和缓,坐落于红河州大型的断层陷落盆地之一的蒙自坝内。坝内石灰岩地层分布广泛,发育着较典型的岩溶地貌。由于河流的侵蚀切割,山地及高原边缘地带为山谷相间、地表破碎的中山地形。

(4) 土壤植被

流域地带性土壤为红壤,湖区四周已改造成耕作土地。植被为亚热带雨林,以灌丛为主。

4.1.2 社会环境概况

(1) 行政区划

长桥海流域位于蒙自市,涉及文澜镇、雨过铺、新安所3个乡镇的12个村委会。

(2) 经济状况

文澜镇是红河州、蒙自市行政中心所在地,是一个集城区、郊区、坝区、半山区、小山区为一体的综合型大镇。工农业总产值6.7亿元,农村经济总收入3.74亿元,农民人均纯收入3006元。

雨过铺工农业总产值14399万元,其中工业总产值1270万元,农业总产值13129万元,农村经济总收入15615万元。粮食总产量896.1万千克,财政收入1061万元,农民人均纯收入2794元。

新安所镇是一个融坝区、半山区、山区为一体的乡镇,总耕地面积5万多亩,农民人均纯收入达2460元。经济作物以种植石榴、桃子、枇杷、优质梨为主,全镇水果种植面积达5.14万亩,其中石榴种植面积3.8万亩,种、养殖业发达。

(3) 土地利用

流域内主要的土地利用类型为灌木林地,约占流域总面积的30%;其次是旱地、草地等。土地利用状况可参见表4-1。

表4-1 长桥海流域土地利用现状

序号	土地利用类型	面积(km2)	所占比例(%)
1	有林地	7.5	4.49
2	灌木林地	50.36	30.16
3	其他林地	14.55	8.71
4	草地	30.63	18.34
5	长桥海	9.77	5.85
6	水库坑塘	0.29	0.17
7	城镇用地	9.96	5.96
8	农村居民用地	6.08	3.64
9	水田	7.23	4.33
10	旱地	30.63	18.35
	合计	167	100

4.1.3 水 质

长桥海水质类别总体为Ⅴ类,TN 0.31~3.09mg/L,均值2.0mg/L;TP 0.012~0.021mg/L,均值0.016mg/L;NH_4^+-N 0.028~0.075mg/L,均值0.056mg/L;COD_{Mn} 4.2

~7.5mg/L，均值5.9mg/L；Chl a 4.9~15.9μg/L，均值8.6μg/L；透明度0.45~1.3m，年均值0.98m；富营养化指数为41.7，处于中度营养状态。

4.1.4 藻 类

长桥海浮游植物种类丰富，小型藻类多，优势种：铜绿微囊藻（Microcystis aeruginosa）、惠氏微囊藻（M. wesenbergii）、点形平裂藻（Merismopedia punctata）；常见种：四尾栅藻（Scenedesmus quadricauda）、色球藻（Chroococcus sp.）、水华束丝藻（Aphanijomenon flosaquae）、舟形藻（Navicula spp.）、弯形弯楔藻（Rhoicosphenia curvata）。浮游植物数量270.11~1227.11×10^4cells/L，平均数量897.71×10^4cells/L。数量结构特征为蓝藻门占88.1%；绿藻门占7.6%；硅藻门占3.8%；裸藻门占0.3%；隐藻门占0.2%。浮游植物种群结构以蓝藻占绝对优势，指示水质受到有机污染，湖泊处于中—富营养化阶段。

4.1.5 大型水生植物

除湖泊西侧水体无大型水生植物分布外，东侧湖底几乎均有分布，水生植物以沉水植物为主，群落类型为穗状狐尾藻加黑藻，其偶尔伴生穿叶眼子菜和马来眼子菜；在湖岸边偶见香蒲，呈点状分布；水生植被覆盖度为90%以上。

采集到8种大型水生植物（见表4-2），其中3种沉水植物、2种漂浮植物、3种挺水植物。

在湖内，随机进行定量采样3次，生物量为177.2~2128.5g/m^2·FW，平均为1119.7g/m^2·FW；其中，穗状狐尾藻占71.2%，黑藻占24.65%，优势种为穗状狐尾藻。

表4-2 长桥海大型水生植物名录

序号	中文名	拉丁名	所属科名	生活型
1	穗状狐尾藻	Myriophyllum spicatum	小二仙草科	沉水
2	黑藻	Hydrilla verticillata	水鳖科	沉水
3	穿叶眼子菜	Potamogeton perfoliatus	眼子菜科	沉水
4	大漂	Pistia stratiotes	天南星科	漂浮
5	凤眼莲	Eichhornia crassipes	雨久花科	漂浮
6	菰	Zizania latifolia	禾本科	挺水
7	香蒲	Typha orientalis	香蒲科	挺水
8	荆三棱	Scirpus yagara	莎草科	挺水

4.1.6 浮游动物

浮游动物优势种：普通表壳虫（*Arcella vulgaris*）、球形砂壳虫（*Difflugia globulosa*）、纤毛虫（Ciliate）、短棘螺形龟甲轮虫（*Keratella cochlearis micracantha*）、简弧象鼻溞（*Bosmina coregoni*）、近邻剑水蚤（*Cyclops vicinus*）、剑水蚤桡足幼体和无节幼体。浮游动物物种比较少，但密度较高，原生动物、轮虫、枝角类和桡足类密度分别为1550个/L、180个/L、2.2个/L和3.4个/L。

4.1.7 底栖动物

本次调查中在长桥海采集到8种底栖动物，其中软体动物7种和蛭类环节动物1种，未采集到寡毛类环节动物和水生昆虫。其中纹沼螺（*P. striatulus*）为优势种，其他种类均零星出现。该湖的底栖动物平均密度为69.3 ind./m^2，平均生物量为43.68g/m^2，软体动物均占绝对优势。

4.1.8 鱼 类

长桥海和大屯海是临近的湖泊，鱼类组成极其相似，早在1990年高礼存调查中记录到12种鱼类：草鱼（*Ctenopharyngodon idella*）、条纹刺鲃（*Puntius semifasciolatus*）、华南鲤（*Cyprinus rubrofuscus*）、鲫鱼（*Carassius auratus auratus*）、麦穗鱼（*Pseudorasbora parva*）、鲢鱼（*Hypophthalmichthys molitrix*）、鳙鱼（*Hypophthalmichthys nobilis*）、泥鳅（*Misgurnus anguillicaudatus*）、胡子鲇（*Clarias fuscus*）、食蚊鱼（*Gambusia affinis*）、黄鳝（*Monopterus albus*）和小黄黝鱼（*Hypseleotris swinhonis*）。另外在此次的野外调查中，新记录长桥海分布的鱼类有：乌鳢、尼罗罗非鱼、棒花鱼和鰕虎鱼，这主要与当地引种养殖有关。网具渔获物鱼类和数量百分比如下：子陵吻鰕虎鱼（35%）、小黄黝鱼（11%）、鲫鱼（4%）、尼罗罗非鱼（8%）、麦穗鱼（38%）和宽额鳢（4%）。

4.2 大屯海

4.2.1 自然概况

（1）地理位置

大屯海，又名鲤海、矣波草海。地跨个旧市和蒙自市境，东与长桥海毗邻，西距个旧市大屯镇约1.5km。位于东经103°17′～103°20′，北纬23°23′～23°27′之间，现湖泊水面面积 10.98km², 流域面积 284.55km²。

(2) 气　候

湖区属南亚热带高原季风气候，多年平均气温 18.7℃，极端最高气温 36.0℃。多年平均日照时数 2270h。相对湿度 72%，年无霜期 340d，年降水量 717.6mm，最大年降水量 955mm，最小年降水量 283.5mm。年内降水集中于 7～9 月，蒸发量 1484mm。

(3) 地质地貌

流域属于滇东高原区，位于高原的核心部分，地势起伏和缓，坐落于红河州大型的断层陷落盆地之一的蒙自坝内。坝内石灰岩地层分布广泛，发育着较典型的岩溶地貌。由于河流的侵蚀切割，山地及高原边缘地带为山谷相间、地表破碎的中山地形。

(4) 土壤植被

流域地带性土壤为红壤，四周已改造成耕作土。植被为亚热带雨林，以灌丛为主。

4.2.2　社会环境概况

(1) 行政区划

大屯海流域位于蒙自市和个旧市的交界处，涉及 3 个乡镇的 18 个村委会。其中涉及蒙自市文澜镇的 5 个村委会、雨过铺的 4 个村委会和个旧市大屯镇的 9 个村委会。

(2) 经济状况

文澜镇是红河州、蒙自市行政中心所在地，是一个集城区、郊区、坝区、半山区、小山区为一体的综合型大镇。工农业总产值 6.7 亿元，农村经济总收入 3.74 亿元，农民人均纯收入 3006 元。

雨过铺工农业总产值 14399 万元，其中工业总产值 1270 万元，农业总产值 13129 万元，农村经济总收入 15615 万元。粮食总产量 896.1 万千克，财政收入 1061 万元，农民人均纯收入 2794 元。

大屯镇矿产资源丰富，依托矿产开发的工业基础好。农业以种植业为主。

(3) 土地利用

流域内主要的土地利用类型为灌木林地，约占流域总面积的 34.5%；其次是水田、旱地等。土地利用状况见表 4-3。

表 4-3　大屯海流域土地利用现状

序号	土地利用类型	面积 (km²)	所占比例 (%)
1	有林地	28.78	10.12

续 表

序号	土地利用类型	面积（km²）	所占比例（%）
2	灌木林地	98.15	34.50
3	草地	6.16	2.17
4	水库坑塘	29.11	10.23
5	城镇用地	7.24	2.54
6	农村居民用地	5.24	1.84
7	水田	60.71	21.34
8	旱地	35.43	12.45
9	大屯海	13.71	4.80
10	其他建筑用地	0.018	0.01
	合计	284.548	100

4.2.3 水 质

大屯海水质类别总体为劣Ⅴ类，TN 1.0～1.34mg/L，均值1.14mg/L；TP 0.076～0.14mg/L，均值0.10mg/L；NH_4^+-N 0.031～0.072mg/L，均值0.056mg/L；COD_{Mn} 7.9～8.1mg/L，均值8.0mg/L；As 0.081～0.318mg/L，均值0.164mg/L；Chl a 24.0～35.5μg/L，均值29.2μg/L；透明度0.30～0.40m，年均值0.37m；富营养化指数为46.6，处于富营养状态。

4.2.4 藻 类

浮游植物种群以微囊藻属种类多，数量大，并伴有水华，显示出典型的富营养化蓝藻群落特征，优势种：史密斯微囊藻（Microcystis smithii）、水华微囊藻（M. flosaquae）、放射微囊藻（M. botrys）、惠氏微囊藻（M. wesenbergii）都是微囊藻属种类；常见种：水华束丝藻（Aphanizomenon flosaquae）、鱼腥藻（Anabaena sp.）、隐藻（Cryptomonas sp.）、纤维藻（Ankistrodesmus sp.）。浮游植物数量6521.40～10041.60×10⁴ cells/L，平均数量8444.40×10⁴ cells/L。数量结构特征为蓝藻门占88.9%；绿藻门占10.3%；隐藻门占0.4%；硅藻门占0.3%；裸藻门占0.1%。浮游植物种群结构以蓝藻占绝对优势，指示水质受到较为严重的有机污染（包括毒物污染），湖泊处于富—重富营养阶段。

4.2.5 大型水生植物

湖中均有水生植物分布，主要呈斑块状或带状分布。水生植物以沉水植物为主，群落类型为篦齿眼子菜群落、竹叶眼子菜群落和大茨藻群落等，全湖分布最广的水生植物为篦齿眼子菜，其次为竹叶眼子菜，其在湖北部带状分布，自湖西岸延伸至东岸；在岸边偶见香蒲和水蓼，呈点状分布；群落伴生其他水生植物；水生植被覆盖度为30%~40%。

采集到9种大型水生植物（见表4-4），其中4种沉水植物、2种漂浮植物、3种挺水植物。

在湖内，随机进行定量采样3次，沉水植物生物量为 21.2~574.4 $g/m^2 \cdot FW$，平均为 256.1 $g/m^2 \cdot FW$；其中，篦齿眼子菜占32.7%，竹叶眼子菜占60.2%。

表4-4 大屯海大型水生植物名录

序号	中文名	拉丁名	所属科名	生活型
1	篦齿眼子菜	*Potamogeton pectinatus*	眼子菜科	沉水
2	竹叶眼子菜	*Potamogeton malaianus*	眼子菜科	沉水
3	大茨藻	*Najas marina*	茨藻科	沉水
4	轮藻类	*Charophyta*	轮藻科	沉水
5	凤眼莲	*Eichhornia crassipes*	雨久花科	漂浮
6	大漂	*Pistia stratiotes*	天南星科	漂浮
7	芦苇	*Phragmites australis*	禾本科	挺水
8	香蒲	*Typha orientalis*	香蒲科	挺水
9	水蓼	*Polygonum hydropiper*	蓼科	挺水

4.2.6 浮游动物

浮游动物优势种：沟钟虫（*Vorticella convallaria*）、短棘螺形龟甲轮虫（*Keratella cochlearis micracantha*）、无棘螺形龟甲轮虫（*Keratella cochlearis tecta*）、简弧象鼻溞（*Bosmina coregoni*）、舌状叶镖水蚤（*Phyllodiaptomus tunguidus*）、桡足幼体和无节幼体。浮游动物物种较少，但密度较高，原生动物、轮虫和桡足类密度分别为2250个/L、330个/L和1.6个/L。定量标本中未检测到枝角类。

4.2.7 底栖动物

本次调查中在大屯海采集到5种底栖动物,其中寡毛类环节动物和软体动物各2种,水生昆虫仅1种,其中霍甫水丝蚓(*Limnodrilus hoffmeisteri*)和卵萝卜螺(*Radix ovata*)为优势种,其他种类均零星出现。该湖的底栖动物平均密度为208.0 ind./m^2,寡毛类环节动物占优势;平均生物量为12.76 g/m^2,软体动物占优势。

4.2.8 鱼 类

结合访问调查和文献记录,大屯海共有鱼类13种,草鱼(*Ctenopharyngodon idella*)、山白鱼(*Anabarilius transmontana*)、条纹刺鲃(*Puntius semifasciolatus*)、缺须墨头鱼(*Ageneiogarra pingi*)、华南鲤(*Cyprinus rubrofuscus*)、鲫鱼(*Carassius auratus auratus*)、鲢鱼(*Hypophthalmichthys molitrix*)、鳙鱼(*Hypophthalmichthys nobilis*)、泥鳅(*Misgurnus anguillicaudatus*)、胡子鲇(*Clarias fuscus*)、食蚊鱼(*Gambusia affinis*)、黄鳝(*Monopterus albus*)和小黄黝鱼(*Hypseleotris swinhonis*)。在这些鱼中,只有山白鱼、条纹刺鲃、缺须墨头鱼、华南鲤、鲫鱼、泥鳅和黄鳝7种鱼类为大屯海土著鱼类。此次调查中发现,大屯海还有鳑鲏、棒花鱼、食蚊鱼、罗非鱼和鰕虎鱼的分布,可能是由于近年来引种养殖带入的。

4.3 三角海

4.3.1 自然概况

(1)地理位置

三角海位于开远市乐百道以南、大庄以西、羊街乡西部腹地,地理坐标:东经103°17′~103°18′,北纬23°33′~23°36′之间,现湖泊水面面积2.3km^2,流域面积460.1km^2。

(2)气 候

流域属亚热带高原季风气候。由于低纬度高海拔地理位置和季风活动的影响,气候特点表现为:夏长无冬,秋春相连,日温差大,年温差小;干湿季分明,常年多干旱;立体气候典型。海拔900~2500m地区,年气温20.4℃~10.9℃,温差达9.5℃。极端最高气温38.2℃~24.9℃,极端最低气温-2.4℃~-6.4℃。年降雨量超700mm,雨季集中于5~10月,雨热同期而无酷暑,年均气温19.8℃,年日照2200h,全年无霜期340d。

(3)地质地貌

开远位于青藏滇缅"歹"字形构造体系、川滇径向构造体系及南岭构造体系交接地带，应力集中，区域构造现象极为复杂，可分为扭动、南北向、北西向三类构造体系，其中以扭动构造体系占主导地位，三类体系之间形成复杂的复合和联合关系。地处云南高原南部，西临滇康地轴，东居黔桂台地边缘，在红河、南盘江两大断层之间。受地质构造运动影响，形成褶皱、断层、断陷盆地，岩溶山地相间和南盘江及其支流纵横深切而成的中山峡谷等复杂地形，呈中等浅切割中山山地高原地貌。

（4）土壤植被

地质属沉积岩带，岩石的70%为石灰岩。土壤分为七类，红壤：是种植粮油作物的主要土壤。赤红壤：适于发展双季稻和甘蔗生产，提高农作物复种指数，也适于发展亚热带经济作物。水稻土：为水稻创造有利营养条件，促成水稻高产。紫色土：其矿物质养分丰富，自然肥力较高，适于种植多种作物，是种植旱地作物的主要土壤。石灰岩土：石灰岩土的黏粒细，成不均质的石灰反应，酸碱值近于中性或碱性，表层粒状结构发达，且肥力较高，适于种植禾谷类、豆类及薯类作物。棕壤：其分布地区为气候寒冷，雨多雾大，作物生长期长，多轮歇耕作，复种指数低，适于发展放牧及发展药材和花椒等经济林木。冲击土：主要分布于坝区，所处环境气候优越，土壤肥沃，是种植水稻、甘蔗、蔬菜的重要土壤。

4.3.2 社会环境概况

（1）行政区划

三角海流域跨开远市、个旧市和蒙自市，涉及5个区、乡镇的28个村委会。分别为个旧市沙甸区的3个村委会（冲坡哨、沙甸、新沙甸）、鸡街镇的7个村委会（栅旧、兴业、鸡街、龙潭、小芭蕉、上午甸、下午甸）；开远市羊街乡的4个村委会（卧龙谷、红土、古城、杨柳）、大庄乡的2个村委会（大庄、龙潭）；蒙自市草坝镇的12个村委会（就能、依三则、建设、新沟、马街、一村、明白、前进、大落就、波黑、大郭西、十九村）。

（2）经济状况

沙甸区农村社会经济总收入10.5亿元；农民人均纯收入5880元；实交税金1.68亿元。以冶炼粗铅等有色金属为主的工业企业，逐步得到了较大发展，粗具规模。

鸡街镇乡镇企业以有色金属冶炼加工企业为主，兼有化工、建材、机电、食品加工等行业。农业以蔬菜、水果种植为主。全镇完成财政总收入9458万元，工业生产总值17.8亿元，上交税金7875万元。农业总产值1.5075亿元（可比价），农村经济总收入14.32亿元，地方财政总收入3566万元；地方财政总支出2296万元。

羊街乡是开远市的一个多民族的农业大乡，全乡完成农村经济总收入1.212亿元，农民人均纯收入达到2543元。粮食总产量19227.27吨，完成乡镇企业总收入1.165亿元，实现工业产值2684万元，完成财政收入160万元，完成畜牧业肥猪出栏32681头，肉类总产量2901吨，水产品总产量1265吨，烤烟种植面积5441亩，收购烤烟11422担，冬季农业开发面积39938亩,其中,冬早蔬菜16130亩。

大庄乡全乡经济总收入达14818.77万元,农民人均纯收入达3165元,农民家庭人均纯收入达2114元,全乡粮食总产量达9396.57吨,人均有粮达556千克。

2013年,草坝镇全镇实现农业总产值5.30亿元,农村经济总收入39892.02万元,本级财政收入1203.7万元,农民人均收入9300元。全镇有非公企业11家,个体工商户769户,就业人员2612人。

(3) 土地利用

流域内主要的土地利用类型为旱地,约占流域总面积的50%;其次是灌木林地、水田等。土地利用状况见表4-5。

表4-5 三角海流域土地利用现状

序号	土地利用类型	面积（km²）	所占比例（%）
1	草地	34.32	7.46
2	水田	40.93	8.90
3	旱地	230.02	50.01
4	有林地	17.07	3.71
5	灌木林地	105.19	22.85
6	其他林地	16.60	3.61
7	水库坑塘	4.78	1.04
8	滩地	0.05	0.01
9	农村居住用地	11.14	2.41
	合计	460.1	100

4.3.3 水 质

三角海水质类别总体为Ⅲ类,TN 0.31~0.64mg/L,均值0.47mg/L;TP 0.030~0.041mg/L,均值0.035mg/L;NH_4^+-N 0.041~0.11mg/L,均值0.081mg/L;COD_{Mn} 5.4~6.4mg/L,均值6.0mg/L;Chl a 18.0~19.3μg/L,均值18.8μg/L;透明度年均值0.50m;富营养化指数为41.5,处于中度营养状态。

4.3.4 藻 类

浮游植物优势种:水华束丝藻（*Aphanijomenon flosaquae*）、密集微囊藻（*Microcystis* incerta)、不定微囊藻（*M. incerta*）、惠氏微囊藻（*M. wesenbergii*）；常见种：狭形纤维藻（*Ankistrodesmus angustus*）、纤维藻（*Ankistrodesmus sp.*）、十字藻（*Crucigenia sp.*）、隐藻（*Cryptomonas sp.*）。浮游植物数量 1739.76～2583.75×10^4cells/L，平均数量 2260.45×10^4 cells/L。数量结构特征为蓝藻门占 81.7%；绿藻门占 13.8%；硅藻门占 3.1%；隐藻门占 0.9%；甲藻门占 0.2%，等等。浮游植物种群结构以蓝藻占绝对优势，指示水质受到一定程度有机污染，湖泊处于中—富营养化阶段。

4.3.5 大型水生植物

经调查，湖中无大型水生植物分布，只在岸边长有狗牙根、李氏禾等湿生植物。

4.3.6 浮游动物

浮游动物优势种：球形砂壳虫（*Difflugia globulosa*）、纤毛虫（Ciliate）、短棘螺形龟甲轮虫（*Keratella cochlearis micracantha*）、囊形单趾轮虫（*Monostyla bulla*）。浮游动物物种较少，密度也较低，原生动物、轮虫、枝角类和桡足类密度分别为 1000 个/L、180 个/L、0.2 个/L 和 0.3 个/L。

4.3.7 底栖动物

本次调查中在三角海采集到 5 种底栖动物，其中寡毛类环节动物 4 种，软体动物 1 种，未采集到水生昆虫，其中霍甫水丝蚓（*Limnodrilus hoffmeisteri*）为优势种，其他种类均零星出现。该湖的底栖动物平均密度为 88.0 ind./m^2；平均生物量为 0.022 g/m^2，寡毛类环节动物占优势。

4.3.8 鱼 类

三角海在 20 世纪 80 年代以前没有修建大坝，水域面积非常小，修建大坝之后水域面积变大，但是在 2009～2012 年间，由于云南经历百年未见的干旱高温天气，三角海库区水域大量减少甚至干枯。此次调查期间，湖水面积较大，鱼类以鳙鱼（*Hypophthalmichthys nobilis*）、鲢鱼（*Hypophthalmichthys molitrix*）、尼罗罗非鱼（*Oreochromis niloticus*）、鲤鱼（*Cyprinus carpio*）和鲫鱼（*Carassius auratus auratus*）为主，但都是人工放养的经济鱼类，由于投放鱼苗也带来了麦穗鱼（*Pseudorasbora parva*）、棒花鱼（*Abbotina rivularis*）、食蚊鱼（*Gambusia affinis*）和鰕虎鱼等小杂鱼类。本湖泊的土著鱼类已经完全灭绝，取而代之的就是人工养殖鱼类。

4.4 普者黑

4.4.1 自然概况

（1）地理位置

普者黑位于云南省文山州丘北县的中部，涉及丘北县的双龙营镇、曰者镇、八道哨乡、腻脚乡和官寨乡五个乡镇，地理坐标：东经104°28′~104°06′，北纬24°07′~24°11′。现湖泊水面面积5.50km²，流域面积285.1km²。

（2）气　候

区域属低纬度季风气候，具有终年温和湿润的中亚热带气候特征，多年平均气温16.4℃，极端高温35.7℃，极端低温－7.6℃，7月气温最高，1月气温最低。多年平均降雨量1206.8mm，降雨分布不均，多集中于5~10月，占全年降雨量的85.7%。年平均日照时数1800h，年相对湿度77%，无霜期259d。区内以静风为主，其次盛行偏南风，平均风速2.0m/s。

（3）地质地貌

流域位于黔桂地台西南部，西与昆明凹陷南端相连，属东南丘陵山地。由于南盘江切割的影响，境内山多平坝少，地势由西南向东北呈阶梯状逐渐降低，西南高而平坦，东北较低。该区内西、南、中部喀斯特地貌发育，地势西、北面高，南面低，东南面孤峰林立形成峰丛。喀斯特地貌形态有岩溶孤峰、岩丘溶斗、石芽坡地、峰丛洼地、峰丛谷地、峰林洼地等。西边岩溶洼地、石芽坡地发育；西北面碎屑岩分布广泛，碎屑岩分布区多为侵蚀地貌；西南面及东北部分区域为喀斯特峰丛洼地；东及东南面为湖泊群、孤峰、峰林区。整个区域内海拔高度在1446~1860m之间。

（4）土壤植被

土壤以红壤和石灰土为主。红壤土质黏重，有机质含量较低，肥力不高，呈微酸性；石灰土受岩溶山地母岩的影响，土壤结构较好，有机质含量丰富，肥力较高，呈中性或微酸性。植物区属于滇中高原和滇东南岩溶山地植物交错分布带，主要分布有高等植物102科460多种，林木有76科197种，药类650种，菌类17种。

4.4.2 社会环境概况

（1）行政区划

普者黑流域内含2个乡镇，即双龙营镇和曰者镇，涉及5个村委会。

（2）经济状况

双龙营镇是典型的农业大镇，粮食作物以玉米、水稻、小麦为主，经济作物以烤烟、辣椒、生姜、林果等为主。尤其是烤烟，其内在品质达国际型烤烟标准，历来都是全县烤烟的主要产区之一，种植历史长达几十年之久，年烤烟产值达3000万元左右，是名副其实的烤烟大镇。烤烟是双龙营镇财政解困、农民增收的一项支柱产业。

曰者镇是丘北优质辣椒、优质烟、优质稻、莲藕、药材、渔业、林果业的主产区，素有"鱼米之乡"的美称。

（3）土地利用

流域内主要的土地利用类型为水田，约占流域总面积的35%；其次是灌木林地，约占流域总面积的21%。土地利用状况见表4-6。

表4-6 普者黑流域土地利用现状

序号	土地利用类型	面积（km²）	所占比例（%）
1	有林地	47.32	16.60
2	灌木林地	58.60	20.56
3	疏林地	7.61	2.67
4	其他林地	0.30	0.10
5	水库坑塘	11.38	3.99
6	滩地	0.06	0.02
7	农村居民用地	6.30	2.21
8	其他建筑用地	1.30	0.45
9	沼泽地	1.35	0.44
10	水田	99.72	34.99
11	旱地	51.16	17.97
	合计	285.10	100

4.4.3 水 质

普者黑水质类别总体为Ⅳ类，TN 0.47~0.77mg/L，均值0.63mg/L；TP 0.014~0.078mg/L，均值0.041mg/L；NH_4^+-N 0.12~0.17mg/L，均值0.15mg/L；COD_{Mn} 6.5~7.7mg/L，均值6.9mg/L；Chl a 5.8~13.5μg/L，均值10.3μg/L；透明度0.80~1.4m，均值1.0m；富营养化指数为42.3，处于中度营养状态。

4.4.4 藻 类

浮游植物优势种：水华微囊藻（*Microcystis flosaquae*）、惠氏微囊藻（*M. wesenbergii*）、水华束丝藻（*Aphanijomenon flosaquae*）、点形平裂藻（*Merismopedia punctata*）；常见种：栅藻（*Scenedesmus spp.*）、鼓藻（*Cosmarium spp.*）、纤维藻（*Ankistrodesmus spp.*）、舟形藻（*Navicula spp.*）。浮游植物数量 $571.56 \sim 883.41 \times 10^4$ cells/L，平均数量 746.02×10^4 cells/L，其中，蓝藻门占 67.1%；绿藻门占 27.7%；硅藻门占 2.6%；隐藻门占 1.1%；甲藻门占 1.0%；裸藻门占 0.3%；金藻门占 0.2%。浮游植物种群指示水质尚好，湖泊营养化水平处于中营养阶段。

4.4.5 大型水生植物

大型水生植物主要分布于水深 3m 以内，主要呈斑块状或带状分布。水生植物以沉水植物和挺水植物为主，水生植物群落类型为芦苇群落、莲群落、香蒲群落、梭鱼草群落、慈姑群落、纸莎草群落和再力花群落等，其中以莲群落分布最广；沉水植物群落主要为苦草群落、大茨藻群落、黑藻群落、穗状狐尾藻群落和轮藻类群落；各群落伴生其他水生植物；水生植被覆盖度为 30%～40%。

采集到 23 种大型水生植物（见表 4-7），其中 7 种沉水植物、1 种漂浮植物、1 种浮叶植物、14 种挺水植物。

在湖内，随机进行定量采样 6 次，生物量为 $916.8 \sim 7645.2$ g/m²·FW，平均为 3615 g/m²·FW；其中，苦草占 71.0%；其次为轮藻类，占 9.5%；再次为黑藻占 7.7%。由此可见，苦草为优势种。

表 4-7 普者黑大型水生植物名录

序号	中文名	拉丁名	所属科名	生活型
1	穗状狐尾藻	*Myriophyllum spicatum*	小二仙草科	沉水
2	黑藻	*Hydrilla verticillata*	水鳖科	沉水
3	苦草	*Vallisneria natans*	水鳖科	沉水
4	竹叶眼子菜	*Potamogeton malaianus*	眼子菜科	沉水
5	轮藻类	*Charophyta*	轮藻科	沉水
6	草茨藻	*Najas graminea*	茨藻科	沉水
7	大茨藻	*Najas marina*	茨藻科	沉水
8	金银莲花	*Nymphoides indica*	龙胆科	浮叶

续 表

序号	中文名	拉丁名	所属科名	生活型
9	凤眼莲	*Eichhornia crassipes*	雨久花科	漂浮
10	莲	*Nelumbo nucifera*	睡莲科	挺水
11	慈姑	*Sagittaria sagittifolia*	泽泻科	挺水
12	芦苇	*Phragmites australis*	禾本科	挺水
13	纸莎草	*Cyperus papyrus*	莎草科	挺水
14	水毛花	*Scirpus triangulatus*	莎草科	挺水
15	萤蔺	*Scirpus juncoides*	莎草科	挺水
16	水葱	*Schoenoplectus tabernaemontani*	莎草科	挺水
17	香蒲	*Typha orientalis*	香蒲科	挺水
18	蓝花梭鱼草	*Pontederia cordata*	雨久花科	挺水
19	白花梭鱼草	*Pontederia cordata var. alba*	雨久花科	挺水
20	芋	*Calla esculenta*	天南星科	挺水
21	茭	*Zizania latifolia*	禾本科	挺水
22	再力花	*Thalia dealbata*	竹芋科	挺水
23	五节芒	*Miscanthus floridulu*	禾本科	挺水

4.4.6 浮游动物

浮游动物优势种：普通表壳虫（*Arcella vulgaris*）、球形砂壳虫（*Difflugia globulosa*）、纤毛虫（*Ciliate*）、短棘螺形龟甲轮虫（*Keratella cochlearis micracantha*）、长额象鼻溞（*Bosmina longirostris*）、近邻剑水蚤（*Cyclops vicinus*）、剑水蚤桡足幼体和无节幼体。浮游动物物种和密度均较低，原生动物和轮虫密度分别为850个/L和140个/L，定量标本中未检测到枝角类和桡足类。

4.4.7 底栖动物

本次调查中在普者黑采集到18种底栖动物，其中寡毛类环节动物5种，软体动物种类较多，有8种，水生昆虫亦有5种。其中霍甫水丝蚓（*Limnodrilus hoffmeisteri*）、纹沼螺（*Parafossarulus striatulus*）、多足摇蚊（*Polypedilum sp.*）和小摇蚊属（*Microchironomus sp.*）为优势种，其他种类均零星出现。该湖的底栖动物平均密度为 428.0ind./m^2，寡毛类环节动物和摇蚊幼虫占优势；平均生物量为 26.63g/m^2，软体动物占优势。

4.4.8 鱼 类

根据2004年中国科学院昆明动物研究所的考察记录，普者黑共有17种鱼类分布，土著鱼类7种：山白鱼（Anabarilius transmontana）、条纹小鲃（Puntius semifasciolatus）、鲫鱼（Carassius auratus auratus）、泥鳅（Misgurnus anguillicaudatus）、胡子鲇（Clarias fuscus）、黄鳝（Monopterus albus）和月鳢（Channa asiatica）；外来鱼类10种：草鱼（Ctenopharyngodon idella）、鲢鱼（Hypophthalmichthys molitrix）、鳙鱼（Hypophthalmichthys nobilis）、䱗（Hemiculter leucisculus）、麦穗鱼（Pseudorasbora parva）、棒花鱼（Abbotina rivularis）、中华鳑鲏（Rhodeus sinensis）、鲤鱼（Cyprinus carpio）、褐吻鰕虎鱼（Rhinogobius brunneus）和小黄黝鱼（Hypseleotris swinhonis）。此外，本次调查发现除了上属鱼类之外，还有尼罗罗非鱼和黄颡鱼分布。

4.5 差黑海

4.5.1 自然概况

（1）地理位置

差黑海位于云南省砚山县境内，地处砚山县西部，湖长2.8km，最大宽1.7km，平均宽0.9km，是砚山县最大的天然湖泊，属红河流域。地理坐标：东经103°52′~103°53′，北纬23°40′~23°41′。现湖泊水面面积2.8km^2，流域面积72.66km^2。

（2）气 候

属低纬度高原季风气候，四季不明显，干雨季分明，立体气候特征较明显。热量资源丰富，大于等于10℃的活动积温2500℃~6500℃，年温差小，全年气温12.50℃~19℃，最冷月（1月）气温6.60℃~10℃，最热月（7月）气温16.50℃~25℃，极端最高气温33.20℃（1958年6月1日），极端最低气温 -7.8℃（1968年2月14日）。年无霜期250~320d，年日照时数1400~2100h，年降雨量840~1400mm。境内海拔高低相差1183m，形成河谷、平坝、山地三种不同气候类型。干季（11月~次年4月），主要受西部干暖气流影响，空气干燥，降雨稀少，干季雨量仅161mm，占全年总雨量的17%。雨季（5~10月），主要受西南和东南海洋暖湿气流的影响，湿度大，降雨较多，雨季雨量834.90mm，占全年总雨量的83%左右。

（3）地质地貌

流域地处砚山县境内最大的平远坝子内，为境内最大的溶蚀盆地，受西北和北东向构造控制，基底为三叠纪地层，地表为厚度不等的第四纪地层覆盖。坝区总的地貌形态为岩溶残丘坡地，盆地地面标高 1437～1476m，四周低中山区标高 1550～1847m，二者相对高差 100～300m。盆地内地势平坦，有零星岩溶残丘或孤峰存在，为坝区的主要农业耕作区。河谷四周为孤峰平原，残丘缓起，海拔略高于河谷地区而低于四周的低中山区，与河谷区界线局部清晰、局部隐晦，二者常交叉分布。在这一地区，峰丛洼地、溶丘洼地漏斗、落水洞发育。

（4）土壤植被

砚山县土壤类型差异较大。全县分红壤、黄壤、紫色壤、石灰岩土、水稻土 5 个土类、11 个亚类、17 个土属、31 个土种。其中，红壤性耕地 63.4 万亩，占耕地总面积的 68.7%。植被群落多样，低层植被草群结构主要以黄背草、龙须草、野古草、扭黄草、白茅等禾本科牧草为主，而豆科牧草很少；高层植被多为常绿阔叶林、混交林、针叶林等。林种资源主要有云南松；其次是栎类；再次是油杉、思茅松和杉木。阔叶林树种有旱冬瓜、栲类、樟木等。

4.5.2 社会环境概况

（1）行政区划

差黑海流域涉及文山州砚山县平远镇的差黑村委会。

（2）经济状况

平远镇以烤烟、辣椒、花生、冶炼、化工为支柱产业。农村经济以种植业收入为主，占总收入的 56.89%，地区生产总值 92322.6 万元，农民人均纯收入达 1620 元。农作物种植 17.9 万亩，粮经种植比例 55:45。

（3）土地利用

流域内主要的土地利用类型为旱地，约占流域总面积的 64%；其次是灌木林地，约占流域总面积的 26%。土地利用状况见表 4-8。

表 4-8　差黑海流域土地利用现状

序号	土地利用类型	面积（km²）	所占比例（%）
1	草地	0.44	0.61
2	水田	2.77	3.81
3	旱地	46.74	64.32
4	有林地	0.90	1.25
5	灌木林地	18.64	25.65
6	河渠	0.24	0.33

续 表

序号	土地利用类型	面积（km^2）	所占比例（%）
7	水库坑塘	1.99	2.74
8	农民居民用地	0.94	1.29
	合计	72.66	100.00

4.5.3 水　质

由于连续4年干旱，湖区已经基本干涸，因此没有采集水样。

4.5.4 藻　类

由于干涸原因，没有采集藻类样品。

4.5.5 大型水生植物

由于云南连续四年干旱，调查时发现湖水很浅，最深处为50~80cm，但湖内还有大型水生植物的分布生长。

湖中均有大型水生植物分布，主要呈点状或斑块状分布。水生植物以沉水植物为主，群落类型主要为大茨藻群落、大茨藻加草茨藻群落等，呈斑块状分布；在湖岸边有水蓼群落，呈带状分布；各群落伴生其他水生植物；水生植被覆盖度为70%~80%。

采集到13种大型水生植物（见表4-9），其中6种沉水植物、1种浮叶植物、6种挺水植物。

在湖内，随机进行定量采样2次，生物量为573.5~1480.8g/m^2·FW，平均为1027.2g/m^2·FW；其中，大茨藻占82.3%；其次为草茨藻，为6.4%。优势种为大茨藻。

4.5.6 浮游动物

由于干涸原因，没有采集浮游动物样品。

表4-9　差黑海大型水生植物名录

序号	中文名	拉丁名	所属科名	生活型
1	菹草	*Potamogeton crispus*	眼子菜科	沉水
2	穿叶眼子菜	*Potamogeton perfoliatus*	眼子菜科	沉水
3	竹叶眼子菜	*Potamogeton malaianus*	眼子菜科	沉水

续　表

序号	中文名	拉丁名	所属科名	生活型
4	草茨藻	*Najas graminea*	茨藻科	沉水
5	大茨藻	*Najas marina*	茨藻科	沉水
6	轮藻类	Charophyta	轮藻科	沉水
7	浮叶眼子菜	*Potamogeton natans*	眼子菜科	浮叶
8	芦苇	*Phragmites australis*	禾本科	挺水
9	光头稗	*Echinochloa colonum*	禾本科	挺水
10	水蓼	*Polygonum hydropiper*	蓼科	挺水
11	异型莎草	*Cyperus difformis*	莎草科	挺水
12	球穗莎草	*Cyperus glomeratus*	莎草科	挺水
13	二歧飘拂草	*Fimbristylis dichotoma*	莎草科	挺水

4.5.7　底栖动物

由于干涸原因，没有采集到底栖动物样品。

4.6　摆龙湖

4.6.1　自然概况

（1）地理位置

摆龙湖又名红旗水库，位于云南省文山州丘北县城西北30km的曰者、八道哨、新沟、普者黑四个坝子的交接处摆落村，是清水江源头之一，水库低干渠流水直泻普者黑湖。摆龙湖地理坐标为东经103°57′~104°08′，北纬24°07′~24°08′。现湖泊水面面积3.24km²，流域面积251.3km²。

（2）气　候

区域属低纬度北亚热带高原季风气候。具有气候温和，夏无酷暑、冬无严寒的特点。流域水汽主要来自西南和东南暖湿气流，降水量的年际变化不大（Cv值为0.18），但具有明显的季节性，多集中于5~10月份，占全年降水量的84.2%，红旗水库坝址以上流域多年平均降水量为1274.0mm。

（3）地质地貌

地处滇东南岩溶高原的西北部，流域地势西高东低、南高北低，地势较为平坦。流域内以岩溶地貌为主,岩溶形态种类繁多,有洼地、漏斗、落水洞、竖井、溶洞、峰林、孤峰,地表水系不甚发育,山峰海拔一般在1600~2000m间。

(4)土壤植被

土壤以红壤和石灰土为主。红壤土质黏重,有机质含量较低,肥力不高,呈微酸性;石灰土受岩溶山地母岩的影响,土壤结构较好,有机质含量丰富,肥力较高,呈中性或微酸性。植物区属于滇中高原和滇东南岩溶山地植物交错分布带,区域内野生动植物种类繁多。主要分布有高等植物、林木、药类、菌类等。

4.6.2 社会环境概况

(1)行政区划

摆龙湖流域内含2个乡,即八道哨彝族乡和腻脚彝族乡,涉及6个村委会。

(2)经济状况

八道哨彝族乡位于丘北县中部,地处普者黑国家AAAA级旅游区的中心区域,是典型的少数民族农业乡,农作物以玉米、水稻为主,经济作物有烤烟、辣椒、葡萄、油菜等。因水利条件和草场资源十分丰富,被列为省立商品猪基地和牛羊综合示范区,是全州最大的白酒生产基地,素有"猪乡酒镇"之美誉。

腻脚彝族乡位于丘北县西南部,全乡主要种植的粮经作物有玉米、粉红腰豆、白瓜子、烤烟、辣椒、马铃薯、荞、豌豆、花生、萝卜、大白菜等。名贵药材有三七、草乌等。森林以云南松、华山松为主,有部分直杆桉、杉树及灌木林,经济林有桃子、李子、花红、梨、苹果、核桃、花椒等。畜牧业以黑山羊、黄牛等为主。特色产业有三七、腻脚酒、烤烟、各类蔬菜、黑山羊等。

(3)土地利用

流域总面积251.3km^2,流域内主要的土地利用类型为灌木林地,约占流域总面积的30%;其次是有林地约占流域总面积的17.74%,疏林地约占流域总面积的16.45%,草地约占流域总面积的6.95%。

4.6.3 水 质

摆龙湖水质类别总体为Ⅲ类,TN 0.64~0.65mg/L,均值0.65mg/L;TP 0.0049~0.0066mg/L,均值0.0060mg/L;NH_4^+-N 0.018~0.020mg/L,均值0.019mg/L;COD_{Mn} 1.1~1.3mg/L,均值1.2mg/L;Chl a 6.6~8.3μg/L,均值7.4μg/L;透明度2.8~4.0m,均值3.5m;富营养化指数为36.5,处于中度营养状态。

4.6.4 藻 类

浮游植物优势种：湖沼色球藻（Chroococcus limneticus）、不定微囊藻（Microcystis incerta）、坚实微囊藻（M. firma）、微小色球藻（Chroococcus minutus）；常见种：水华束丝藻（Aphanjomenon flosaquae）、双突盘星藻（Pediastrum duplex）、分歧锥囊藻（Dinobryon divergens）、变异直链藻（Melosira varians）等。浮游植物细胞数量 57.83~73.80×10^4 cells/L，平均数量 64.50×10^4 cells/L。数量结构特征为绿藻门占 63.3%；蓝藻门占 24.5%；硅藻门占 5.3%；金藻门占 2.8%；隐藻门占 2.0%；甲藻门占 1.7%；裸藻门占 0.4%。浮游植物种群结构指示水质优良，湖泊营养化水平处于贫—中营养阶段。

4.6.5 大型水生植物

经调查，湖中无沉水植被分布，仅在岸边可见斑块状分布生长的挺水植物——水蓼。

表 4-10 摆龙湖大型水生植物名录

序号	中文名	拉丁名	所属科名	生活型
1	水蓼	Polygonum hydropiper	蓼科	挺水

4.6.6 浮游动物

浮游动物优势种：球形砂壳虫（Difflugia globulosa）、曲腿龟甲轮虫（Keratella valga）、简弧象鼻溞（Bosmina coregoni）、桡足幼体和无节幼体。浮游动物物种比较稀少，密度也较低，原生动物、轮虫、枝角类和桡足类密度分别为 350 个/L、65 个/L、0.5 个/L 和 0.7 个/L。

4.6.7 底栖动物

本次调查中在摆龙湖仅采集到两种底栖动物，即摇蚊属（Chironomus sp.）和多足摇蚊（Polypedilum sp.），密度和生物量都极低，密度平均仅 16ind./m^2，生物量平均仅 0.02g/m^2。可能与该湖泊设置样点较少有关。

4.6.8 鱼 类

摆龙湖是典型的喀斯特地貌湖区，至今相关文献资料没有鱼类的调查记录。此次野外调查摆龙湖共有 7 种鱼类：鲢鱼（Hypophthalmichthys molitrix）、鳙鱼（Hypophthalmichthys nobilis）、鲤鱼（Cyprinus carpio）、草鱼（Ctenopharyngodon idella）、鲫鱼（Carassius auratus auratus）、䲝（Hemiculter leucisculus）和麦穗鱼（Pseudorasbora parva）。

5 结 论

5.1 水质特征

本次调查中检测的水质指标为 24 项基本项目，外加透明度和 Chl a。检测结果显示，除营养盐、有机污染指标外，其他金属、有毒物质等项目基本未检出，说明云南省的天然湖泊面临的主要问题是富营养化。在本报告中将重点阐述营养物质、有机污染指标和富营养化状况。

三十个天然湖泊中，除差黑海数据缺失外，仅抚仙湖、泸沽湖两个湖泊现状水质类别为Ⅰ类；现状水质类别为Ⅱ、Ⅲ、Ⅳ和Ⅴ类的湖泊数量分别有五个、八个、五个、四个；劣Ⅴ类的湖泊数量有五个，均属于九大高原湖泊。各个湖泊的现状水质类别详见表 5-1。

三十个天然湖泊中（能够找到数据的有二十七个），处于贫营养状态的湖泊共计六个；中营养状态的共计十七个；业已进入富营养化状态的湖泊共计四个，其中中度富营养化状态一个，重度富营养化三个。

表 5-1 云南高原湖泊现状水质及富营养化状态

编号	名称	现状水质类别	水体功能	水质保护目标	富营养化状态	主要超标因子
1	滇池（外海）	劣Ⅴ类	饮用二级、一般鱼类保护区、游泳区	Ⅲ	重度富营养化	TN、TP、COD
2	清水海	Ⅲ类	饮用一级	Ⅱ	中营养	TN
3	阳宗海	Ⅳ类	饮用一级、工业用水、农业用水	Ⅱ	贫营养	TP、As
4	月湖	Ⅲ类	一般鱼类保护	Ⅲ	中营养	
5	抚仙湖	Ⅰ类	珍稀鱼类保护	Ⅰ	贫营养	
6	杞麓湖	劣Ⅴ类	一般鱼类保护、农业用水、景观用水	Ⅲ	中度富营养化	

续　表

编号	名称	现状水质类别	水体功能	水质保护目标	富营养化状态	主要超标因子
7	星云湖	劣Ⅴ类	一般鱼类保护、农业用水、景观用水	Ⅲ	重度富营养化	—
8	海峰湿地	Ⅱ类	省级自然保护区	—	中营养	—
9	洱海	Ⅲ类	国家自然保护区、饮用一级、一般鱼类用水、游泳区	Ⅱ	中营养	—
10	茈碧湖	Ⅱ类	饮用一级、农业用水	Ⅱ	贫营养	—
11	西湖	Ⅳ类	饮用一级、景观用水	Ⅱ	中营养	COD
12	海西海	Ⅱ类	饮用一级、农业用水	Ⅱ	贫营养	—
13	天池	Ⅱ类	省级自然保护区、饮用一级	Ⅱ	贫营养	—
14	剑湖	Ⅲ类	省级自然保护区	Ⅱ	中营养	TP、COD
15	青海湖	Ⅴ类	一般鱼类保护区	Ⅲ	中营养	TP、COD
16	莲花池	Ⅴ类	—	—	—	—
17	泸沽湖	Ⅰ类	省级自然保护区	Ⅰ	贫营养	—
18	程海	Ⅳ类	一般鱼类保护	Ⅲ	中营养	氟化物、COD
19	拉市海	Ⅲ类	农业用水、饮用二级	Ⅲ	中营养	—
20	文海	Ⅱ类	省级自然保护区	—	—	—
21	纳帕海	Ⅴ类	一般鱼类保护	Ⅲ	中营养	TN、TP
22	碧塔海	Ⅳ类	省级自然保护区	Ⅱ	中营养	TP、COD
23	属都湖	Ⅲ类	饮用一级	Ⅱ	中营养	COD
24	异龙湖	劣Ⅴ类	农业用水、景观用水、一般鱼类保护	Ⅲ	重度富营养化	TN、TP、COD
25	长桥海	Ⅴ类	工业用水、一般鱼类保护、农业用水	Ⅲ	中营养	TN、TP
26	大屯海	劣Ⅴ类	工业用水、一般鱼类保护、农业用水	Ⅲ	中营养	TN、TP、COD、As

续 表

编号	名称	现状水质类别	水体功能	水质保护目标	富营养化状态	主要超标因子
27	三角海	Ⅲ类	景观用水、一般鱼类保护、农业用水	Ⅲ	中营养	—
28	普者黑	Ⅳ类	景观用水、农业用水、饮用二级	Ⅲ	中营养	COD
29	差黑海	—	—	—	—	—
30	摆龙湖	Ⅲ类	饮用二级、农业用水、景观用水	Ⅲ	中营养	—

5.2 浮游植物特征

浮游植物（phytoplankton）是一个生态学概念，是指在水中营浮游生活的微小藻类植物。事实上，藻类植物因生长环境和附着基质的差异，国内外文献中有明确的定义：plankton——在水体中自由漂浮的藻类；epipelic——生长于沉积物（细粒、有机质）上的藻类；epilithic——生长于石头表面的藻类；epiphytic——附着于大型植物上的藻类；epizooic——附生于动物表面的藻类；epipsammic——生长于沙地上，或在沙地中移动的藻类。本次调查的重点为浮游藻类，也兼顾其他附着藻类。

藻类是地球上最早出现的绿色自养生物，在地球上几乎还是绝对无氧的还原环境下，藻类是第一个利用太阳能将二氧化碳制造成有机物并释放出游离氧气的先驱生物，它对地球上的其他自养生物和异养生物的产生和演化有着重要意义。藻类形态多种多样，有单细胞体、群体、多细胞体，大小悬殊，一般肉眼不能看到，但微囊藻大量繁殖时，其群体可达 $1500\mu m$，悬浮于水中肉眼清晰可见。单细胞体种类大多为小型或微型藻类，藻体常为球形、椭球形、圆柱形、纺锤形、纤维形、新月形等；群体类型的种类常呈球状、片状、丝状、树枝状或不规则团块状，丝状体又可分为由单列细胞组成的不分枝丝状体和呈有分枝的异丝性丝状体，分枝以侧面相互愈合而成盘状假薄壁组织。藻体的形态以及群体中的细胞数目、排列方式、细胞的相互关系都是分类的重要依据。藻类学家一般将浮游植物共分 11 个门，分别是：蓝藻门（Cyanophyta）、绿藻门（Chlorophyta）、硅藻门（Bacillariophyta）、隐藻门（Cryptophyta）、甲藻门（Pyrrophyta）、裸藻门（Euglenophyta）、黄藻门（Xanthophyta）、金藻门（Chrysophyta）、轮藻门（Charophyta）、褐藻门（Fhaeophyta）、红藻门（Rhodophyta）。浮游植物一般多见于前8个门，轮藻门、褐藻门和红藻门主要是大型藻类。

浮游藻类是低等植物，没有真正的根、茎、叶的分化，具有叶绿素，能够进行光合作用，把水中的无机物合成蛋白质、脂类、糖类及其他化合物，营自营生活。近几十年来，随着人口的增长和经济的快速发展，进入湖泊的营养物质急剧增加，刺激浮游藻类快速发展，其庞大的数量能形成水华改变水体物理、化学、生态环境，使水体进入富营养化状态，影响水体多项功能的正常发挥，损害湖泊生态服务功能。

5.2.1 种类组成

据初步分类鉴定，云南小湖泊藻类共有8门85属220种，其中，绿藻门30属86种；硅藻门27属65种；蓝藻门19属48种；裸藻门3属7种；甲藻门2属6种；金藻门1属4种；隐藻门2属6种；黄藻门1属1种。云南小湖泊藻类名录见表5-2。

表5-2　云南省小湖泊藻类名录

1	铜绿微囊藻 *Microcystis aeruginosa* Kutz.	
2	惠氏微囊藻 *M. wesenbergii*（Komarek）Komarek	
3	史密斯微囊藻 *M. smithii* Koma.	
4	水华微囊藻 *M. flosaquae*（Wittrock）Kirch.	
5	鱼害微囊藻 *M. ichthyoblabe* Kutzing.	
6	坚实微囊藻 *M. firma*（Kutz.）Schmid.	
7	挪氏微囊藻 *M. novacekii*（Komarek）Compere.	
8	放射微囊藻 *M. botrys* Teil.	
9	密集微囊藻 *M. densa* G. S. West.	
10	假丝微囊藻 *M. pseudofilamentosa* Crow.	
11	点形粘球藻 *Gloeocapsa punctata* Nag.	
12	居氏粘球藻 *G. kützingiana* Nag.	
13	粘杆藻 *Gloeothece sp.*	
14	腔球藻 *Coelosphaerium sp.*	
15	点形平裂藻 *Merismopedia punctata* Meyen.	
16	优美平裂藻 *M. elegans*	
17	旋折平裂藻 *M. vonvoluta* Breb.	

续 表

18	微小平裂藻 *M. tenuissima* Lemm.
19	银灰平裂藻 *M. glauca*（Her.）Nag.
20	针状蓝纤维藻 *Dactylococcopsis acicularis* Lemm.
21	小形色球藻 *Chroococcus minor*（Kutz.）Nag.
22	微小色球藻 *C. minutus*
23	湖沼色球藻 *C. limneticus*
24	膨胀色球藻 *C. turgidus*（Kutz.）Nag.
25	中华双尖藻 *Hammatoidea sinensis* Ley
26	弯曲尖头藻 *Raphidiopsis curvata* Fritsch
27	尖头藻 *R. sp.*
28	念珠藻 *Nostoc sp.*
29	泽丝藻一种 *Limnothrix sp.*
30	胶须藻 *Rivularia sp.*
31	胶刺藻 *Gloeotrichia sp.*
32	席藻 *Phormidium hermobium*
33	螺旋鱼腥藻 *Anabaena spiroides* Kleb.
34	卷曲鱼腥藻 *A. variabilis* Rab.
35	固氮鱼腥藻 *A. azotica* Ley.
36	多变鱼腥藻 *A. variabilis*
37	球形鱼腥藻 *A. sphaerica* Bornet & Flahault
38	钝顶螺旋藻 *Spirulina platensis*（Nordst.）Geitl.
39	水华束丝藻 *Aphanizomenon flosaguae*
40	小颤藻 *Oscillatoria tenuis* Ag.
41	美丽颤藻 *O. formosa* Gom.
42	巨颤藻 *O. princeps* Vauch.
43	两栖颤藻 *O. amphibia* Ag.
44	头状颤藻 *O. capitata*
45	灿烂颤藻 *O. splendida* Grev.
46	拟短形颤藻 *O. subbrevis* Schm.

续　表

47	阿氏浮丝藻 *Planktothrix agardhii*	
48	湖泊鞘丝藻 *Lyngbya limnetica* Lemm.	
49	尖尾蓝隐藻 *Chroomonas acuta* Uterm.	
50	卵形隐藻 *Cryptomonas ovata* Ehr.	
51	啮蚀隐藻 *C. arosa* Ehr.	
52	薄甲藻 *Glenodinium*（Her.）Stein.	
53	二角多甲藻 *Peridinium bipes* Stein	
54	挨尔多甲藻 *P. Elpatiewskyi*（Qstenf.）Lemm.	
55	微小多甲藻 *P. pusillum*（Pen.）Lemm.	
56	多甲藻 *P. spp.*	
57	飞燕角甲藻 *Ceradium hirundinella*（Mull.）Schr.	
58	尾裸藻 *Euglena caudata* Hubn.	
59	梭形裸藻 *E. acus* Ehre.	
60	多形裸藻 *E. pogymorpha* Dang.	
61	裸藻 *E. sp.*	
62	长尾扁裸藻 *Phacus. longicauda*（Ehr.）Dug	
63	强棘囊裸藻 *Trachelomonas armata*（Her.）Stein	
64	囊裸藻 *T. sp.*	
65	圆筒锥囊藻 *Dinobryon cylindricum* Imhof	
66	密集锥囊藻 *D. sertularia* Ehre.	
67	群聚锥囊藻 *D. sociale* Ehre.	
68	分歧锥囊藻 *D. Divergens* Imhof	
69	小型黄丝藻 *Tribonema minus*	
70	颗粒直链藻 *Melosira granulate*	
71	颗粒直链藻最窄变种 *M. granulata var angustissima*	
72	意大利直链藻 *M. italia*	
73	变异直链藻 *M. varians* Ag.	
74	梅尼小环藻 *Cyclotella meneghiniana* Kutz.	
75	菱形小环藻 *C. rhomboideo-elliptica* Skuja	

续 表

76	山西小环藻 *C. shansiensis* Xie et Qi
77	广缘小环藻 *C. bodanica* Eul.
78	星形冠盘藻 *Stephanodiscus astraea*（Ehr.）Grun.
79	星形冠盘藻小形变种 *S. astraea var. minutula*（Kutz.）Grun.
80	普通等片藻 *Diatoma vulgare* Bory
81	等片藻 *D. sp.*
82	钝脆杆藻 *Fragilaria capucina* Desm.
83	钝脆杆藻中狭变种 *F. capucina var. mesolepta*（Rab.）Scho.
84	偏凸脆杆藻 *F. vaucheriae*（Kutz.）Pet.
85	偏凸脆杆藻小头变种 *F. vaucheriae var. capitellata*（Grun.）Kutz.
86	连接脆杆藻 *F. Construens*（Ehr.）Grun.
87	华丽星杆藻 *Asterionella formosa* Hassall
88	细星杆藻 *A. Fracillima* Hant
89	肘状针杆藻 *Synedra ulna*（Nitzsch.）Ehre.
90	肘状针杆藻二头变种 *S. ulna var. biceps*（Kutz.）Scho.
91	平片针杆藻 *S. ulna tabulata*（Ag.）Kutz.
92	尖针杆藻 *S. acus* Kutz.
93	双头针杆藻 *S. Amphicephala* Kutz.
94	弧形短缝藻 *Eunotia arcus* Ehr.
95	布纹藻 *Gyrosigma sp.*
96	美壁藻 *Caloneis sp.*
97	双壁藻 *Diploneis sp.*
98	不定长蓖藻 *Neidium dubium*（Ehr.）Cleve
99	双头辐节藻 *Stauroneis anceps* Ehr.
100	辐节藻 *S. spp.*
101	隐头舟形藻 *Navicula cryptocephala* Kutz.
102	英吉利舟形藻 *N. anglica* Ralfs
103	瞳孔舟形藻 *N. pupula* Kutz.
104	放射舟形藻 *N. radiosa* Kutz.

续　表

105	著名羽纹藻 *Pinnularia nobilis* Ehr.
106	大羽纹藻 *P. major*（Kutz.）Raben.
107	羽纹藻 *P. spp.*
108	偏肿桥穹藻 *Cymbella ventricosa* Kutz.
109	箱形桥穹藻 *C. cistula*（Hempr.）Kirc.
110	膨胀桥穹藻 *C. tumida*（Breb. ex Kutz.）Van Heur.
111	近缘桥穹藻 *C. affinis* Kutz.
112	纤细桥穹藻 *C. gracillis*（Rabenh.）Cleve
113	缢缩异极藻 *Gomphonema constrictum* Ehr.
114	缢缩异极藻头状变种 *G. constrictum var. capitata*（Ehr.）Cl.
115	小形异极藻 *G. Parvum*（Kutz.）Kutzing
116	扁圆卵形藻 *Cocconeis placentula*（Ehr.）Hust
117	扁圆卵形藻多孔变种 *C. placentula var. euglypta*（Ehr.）Cl.
118	线形曲壳藻 *Achnanthes linearis*（W. Smith）Grun.
119	曲壳藻一种 *A. sp.*
120	弯形弯楔藻 *Rhoicosphenia curvata*（Kutz.）Grun
121	斑纹窗纹藻 *Epithemia zebra*（Ehr.）Kutz.
122	鼠形窗纹藻 *E. sorex* Kutz.
123	膨大窗纹藻 *E. Turgida*（Ehr.）Kutz.
124	弯棒杆藻 *Rhopalodia gibba* Mull
125	棒杆藻一种 *R. sp.*
126	双尖菱板藻 *Hantzschia amphioxys*（Ehr.）Grun.
127	谷皮菱形藻 *Nitzschia palea*（Kutz.）W. Smith
128	菱形藻（*N. spp.*）
129	草履形波缘藻 *Cymatopleura solea*（Breb.）W. Smith.
130	椭圆波缘藻 *C. elliptica*（Breb）W. Smith
131	端毛双菱藻 *Surirella capronii* Breb.
132	粗壮双菱藻 *S. Robusta* Ehr.
133	线形双菱藻 *S. Linearis* W. Smith

续 表

134	双菱藻 *S. sp.*
135	球衣藻 *Chlamydomonas globosa* Snow
136	衣藻多种 *C. spp.*
137	实球藻 *Pancorina morum*（Mull）Bory.
138	空球藻 *Eudorina elegans* Ehr.
139	弓形藻 *Schroederia setigera*（Schroed.）Lemm.
140	硬弓形藻 *S. robusta* Kors.
141	小球藻 *Chlorella vulgaris* Beij.
142	椭圆小球藻 *C. Ellipsoidea* Gern.
143	微小四角藻 *Tetraedron minimum*（A. Br.）Hansg.
144	三叶四角藻 *T. trilobulatum*（Reinsch.）Hansg.
145	膨胀四角藻 *T. tumidulum*（Reinsch）Hansg.
146	拟新月藻 *Closteriopsis longissima*（Lemm.）Lemm.
147	镰形纤维藻 *Ankistrodesmus falcatus*（Cord.）Ralfs
148	狭形纤维藻 *A. angustus* Bern.
149	针形纤维藻 *A. acicularis*（A. Br.）Korsch.
150	螺旋纤维藻 *A. Spiralis*（Turn.）Lemm.
151	月牙藻 *Selenastrum bibraianum* Rein.
152	纤细月牙藻 *S. Gracile* Rein.
153	蹄形藻 *Kirchneriella lunaris*（Kirch.）Moeb.
154	肥壮蹄形藻 *K. obesa*（W. West）Schmi.
155	柯氏并联藻 *Quadrigula chodatii*（Tann. – Fullm.）G. M. Smith.
156	湖生卵囊藻 *Oecystis lacustris* Chod.
157	单生卵囊藻 *O. solitaria* Wittr.
158	小形卵囊藻 *O. parva* West.
159	波吉卵囊藻 *O. borgei* Snow
160	球囊藻 *Sphaerocystis schroeteri* Choda
161	盘星藻 *Pediastrum biradiatum* Mey.
162	二角盘星藻 *P. duplex* Mey.

续　表

163	二角盘星藻纤细变种 *P. duplex var. gracillimum* West.
164	二角盘星藻皱纹变种 *P. duples var. regulosum* Racib.
165	二角盘星藻大孔变种 *P. duples var. clathratum* A. Brun.
166	整齐盘星藻 *P. integrum* Nag.
167	短棘盘星藻 *P. boryanum*（Turp.）Men.
168	单角盘星藻 *P. simplex* Meyen
169	单角盘星藻具孔变种 *P. simplex var. duodenarium*（Bail.）Rabennhorst
170	四角盘星藻 *P. tetras*（Ehr.）Ralfs
171	双对栅藻 *Scenedesmus bijuga*（Turp.）Lag.
172	双对栅藻交错变种 *S. bijuga var. alternans*（Reinsch）Borge
173	奥波莱栅藻 *S. opoliensis* Rich.
174	四尾栅藻 *S. quadricauda*（Turp.）Breb.
175	扁盘栅藻 *S. platydiscus*（G. M. Smith）Chodat
176	斜生栅藻 *S. obliquus*（Turp.）Kutz.
177	弯曲栅藻 *S. arcuatus* Lemm.
178	齿牙栅藻 *S. denticulatus* Lagerheim
179	二形栅藻 *S. dimorphus*（Turp.）Kutz.
180	尖细栅藻 *S. acuminatus*（Lag.）Chodat
181	四角十字藻 *Crucigenia quadrata* Morr.
182	四足十字藻 *C. tetrapedia*（Kirch.）W. et. G. S. West
183	十字藻 *C. sp.*
184	空星藻 *Coelastrum sphaericum* Nag.
185	小空星藻 *C. microporum* Nag.
186	网状空星藻 *C. reticulatum*（Dang.）Senn
187	鞘藻 *Oedogonium sp.*
188	刚毛藻 *Cladophora sp.*
189	双星藻 *Zygnema sp.*
190	转板藻 *Mougeotia sp.*
191	水绵 *Spirogyra sp.*

续 表

192	棒形鼓藻 *Gonatozygon monotaenium* De Bary	
193	埃伦新月藻 *Closterium ehrenbergii* Menegh.	
194	莱布新月藻 *C. leibleinii* Kutz.	
195	锐新月藻 *C. acerosum*（Schrank.）Ehr.	
196	中型新月藻 *C. intermedium* Ralfs	
197	小新月藻 *C. venus* Kutzing	
198	库津新月藻 *C. kuetzingii* Breb.	
199	柱形鼓藻 *Penium sp.*	
200	扁鼓藻 *Cosmarium depressum*（Nag.）Lund.	
201	斑点鼓藻 *C. punctulatum* Breb.	
202	光滑鼓藻 *C. laeve* Rabe.	
203	布莱鼓藻 *C. blyttii* Wille	
204	四眼鼓藻 *C. tetraophthalmum*（Kutz.）Rlifs	
205	凹凸鼓藻 *C. impressulum* Elfiving	
206	梅尼鼓藻 *C. meneghinii* Breb.	
207	方鼓藻 *C. quadrum* Lundell	
208	模糊鼓藻 *C. obsoletum*（Hantz.）Reinsch	
209	钝齿角星鼓藻 *Staurastrum crenulatum*（Nag.）Delp.	
210	曼弗角星鼓藻 *S. manfeldtii* Delp.	
211	奇异角星鼓藻 *S. paratoxum* Menegh	
212	珍珠角星鼓藻 *S. margaritaceum*（Ehr.）Ralfs	
213	四角角星鼓藻 *S. tetracerum*（Kutz.）Ralfs	
214	六刺角星鼓藻 *S. hexacerum*（Ehr.）Wittrock	
215	成对角星鼓藻 *S. gemelliparum* Nords.	
216	单角叉星鼓藻 *Staurodesmus unicornis*（Turn.）Thom.	
217	叉星鼓藻 *S. spp.*	
218	乳突微星鼓藻 *Micrasterias papillifera* Breb.	
219	四棘鼓藻 *Arthrodesmus convergens* Ehre.	
220	顶接鼓藻 *Spondylosium sp.*	

5.2.2 种群数量

各湖 2# 采样点（其中，青海湖和西湖采用了 1# ~ 3# 样点平均值）数量计数结果，藻类细胞数在 30.58 ~ 10289.13 × 10⁴ cells/L 之间，其中，石林月湖数量最少而祥云青海湖数量最高（图 5 - 1）。

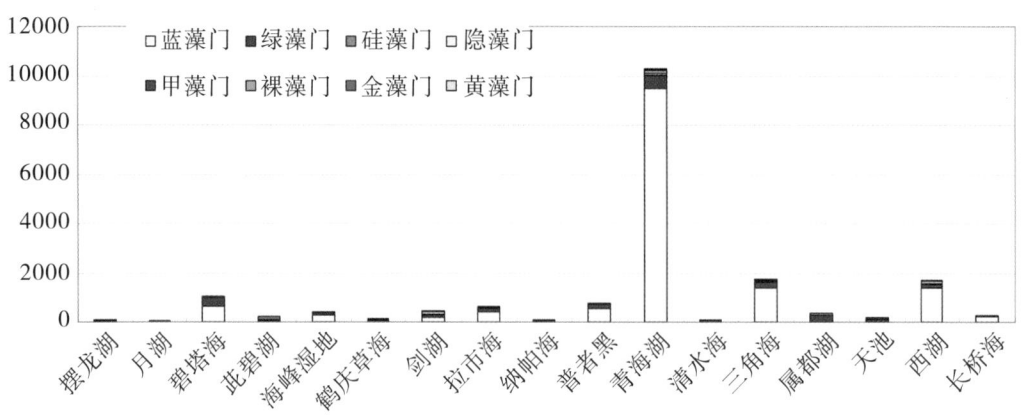

图 5 - 1 云南省小湖泊藻类数量示意图

依据藻类细胞数量级的不同，可以将所调查的小湖泊大体上分为十万级、百万级、千万级、亿万级四类。

（1）藻类细胞数量十万级的小湖泊

所调查的云南省小湖泊中，月湖、摆龙湖、纳帕海、清水海四个湖藻类数量相对较少，其中，月湖藻类细胞数 30.58×10^4 cells/L，为开展调查的十七个小湖泊中数量最低的，数量比月湖高而总细胞数不超过百万的湖泊分别是摆龙湖 73.80×10^4 cells/L、纳帕海 84.23×10^4 cells/L、清水海 98.25×10^4 cells/L。这四个湖泊藻类数量少，硅藻门、绿藻门占有一定比重，藻类数量指示其富营养化程度相对较低，为贫营养型湖泊。

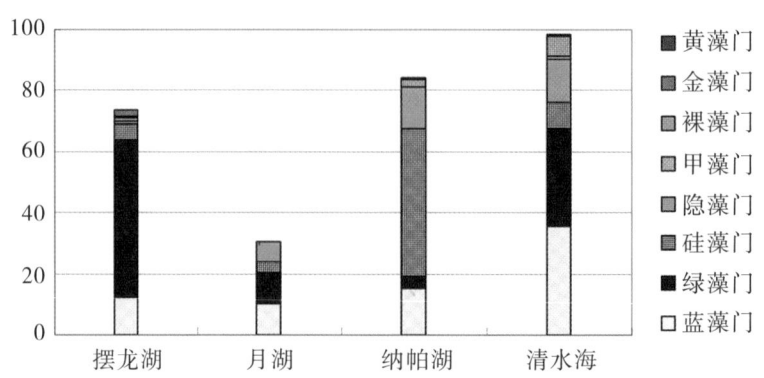

图 5 - 2 摆龙湖、月湖、纳帕海、清水海藻类组成情况示意图

（2）藻类细胞数量百万级的小湖泊

这类小湖泊数量最多，有九个小湖泊（图5-3），其中，又可根据数量和结构不同，划分为三个小类。

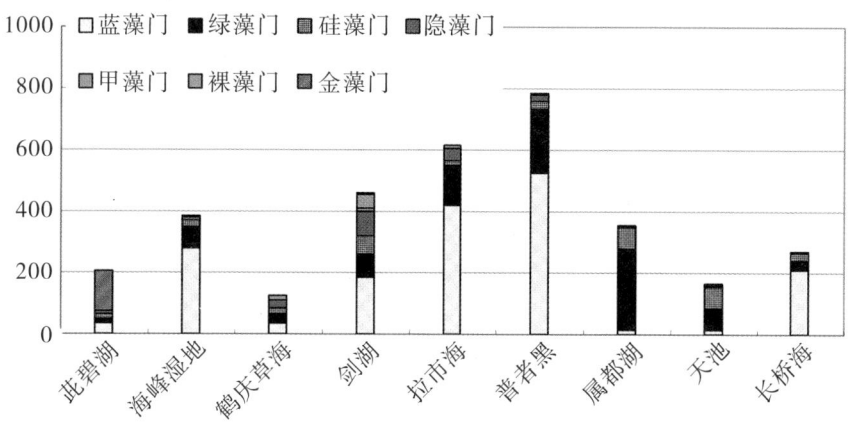

图5-3 藻类细胞数量百万级小湖泊藻类组成情况示意图

鹤庆草海藻类细胞数126.58×10^4cells/L，结构上相对均衡，蓝藻门、绿藻门、隐藻门、硅藻门数量分别占藻类细胞总数量29.7%、21.4%、21.3%和16.7%；云龙天池藻类细胞数162.83×10^4cells/L，绿藻门、硅藻门数量相对丰富，分别占总细胞数量的43.5%和42.6%；茈碧湖藻类细胞数203.35×10^4cells/L，金藻门为年内繁殖高峰期，其数量藻类细胞数126.0×10^4cells/L，占藻类细胞总数量的62%，而蓝藻门数量仅为总数量的18.4%。上述三个湖泊藻类种群数量相对较低，结构中蓝藻门比例低，相对均衡，显示出湖泊水环境处于良好状态，营养类型为贫营养型—中营养型。

长桥海藻类细胞数270.11×10^4cells/L，但蓝藻门数量占总数量的78.6%，而且小型蓝藻类极多，藻类种群结构指示水质受到污染，营养类型处于中—富营养型；属都湖藻类细胞数356.70×10^4cells/L，数量组成中，绿藻门和硅藻门占有较大比重，分别是73.5%和19.3%，虽然藻类数量相对贫营养类型湖泊高，但其结构与云南其他湖泊存在着较大差异，水质良好，湖泊营养类型应综合评定为贫营养至中营养型；海峰湿地藻类细胞数$386.42 \sim 624.03 \times 10^4$cell/L，平均数量$505.23 \times 10^4$cell/L。

剑湖藻类细胞数458.7×10^4cells/L，蓝藻门数量最多，占总数量的40.7%；其他依次是隐藻门、绿藻门、硅藻门和裸藻门，各门数量分别占总数量的17.7%、15.4%、13.3%和9.3%。拉市海藻类细胞数616.80×10^4cells/L，蓝藻门和绿藻门数量占有较大比重，分别是68.0%和20.9%。普者黑藻类细胞数783.09×10^4cells/L，也是蓝藻门和绿藻门数量占有较大比重，分别占到67.0%和27.0%。这显示出剑湖、拉市海和普者黑都受到不同程度的有机污染，湖泊营养状态由中营养型向富营养型过渡。

(3) 藻类细胞数量千万级的小湖泊

碧塔海藻类细胞数 1018.5×10^4 cells/L，其中，蓝藻门数量占总数量的 59.7%，绿藻门数量占总数量的 38.7%，其数量的增加是因为水华束丝藻、多变鱼腥藻和奇异角星鼓藻达到其年内数量高峰的缘故。西湖藻类细胞数 1723.6×10^4 cells/L，三角海数量藻类细胞数 1739.76×10^4 cells/L，其中，蓝藻门数量分别占总数量的 80.1% 和 81.1%，前者优势种群是颤藻、鱼腥藻，后者优势种群是微囊藻，蓝藻门数量占优，但优势种群大不相同，仅就其数量，显示西湖和三角海都发展为富营养型湖泊（图 5-4）。

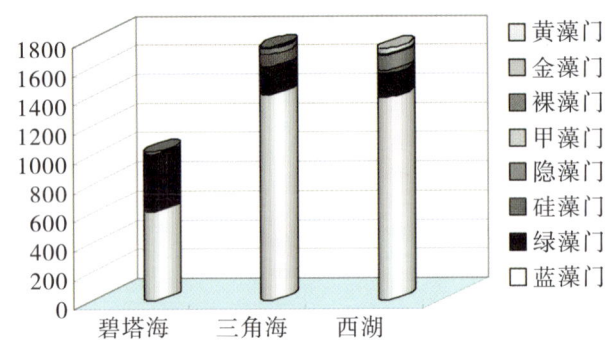

图 5-4 藻类细胞数量千万级小湖泊的藻类组成情况示意图

(4) 藻类细胞数量亿万级的小湖泊

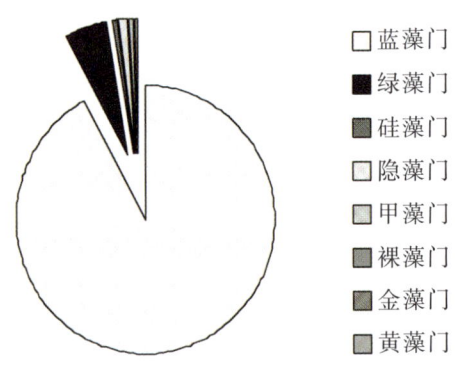

图 5-5 青海湖藻类结构示意图

本次所调查的云南省小湖泊中，藻类细胞数量达到亿万级的湖泊为祥云青海湖，藻类细胞总数量为 8283.4×10^4 cells/L ~ 12936.0×10^4 cells/L 之间，平均 10289.13×10^4 cells/L，优势类群为密集微囊藻、惠氏微囊藻和粗大微囊藻，组成结构中（图 5-5），蓝藻门数量占总数量的 92.3%，绿藻门数量占 5.2%，其余 6 门数量合计占总数量的 2.5%。青海湖藻类数量、优势种和种群结构特征都显示出其富营养类型是：富营养—重富营养型。

5.3 浮游动物特征

云南小湖泊浮游动物共有66种,其中原生动物22种、轮虫21种、枝角类14种和桡足类9种(表5-3)。

表5-3 云南省小湖泊浮游动物名录

	原生动物 Protozoa
1	普通表壳虫 *Arcella vulgaris*
2	针棘匣壳虫 *Centropyxis aculeata*
3	球形砂壳虫 *Difflugia globulosa*
4	瓶砂壳虫 *Difflugia urceolata*
5	放射太阳虫 *Actinophrys sol*
6	毛板壳虫 *Coleps hirtus*
7	壮伟长吻虫 *Lacrymaria elegans*
8	刀刀口虫 *Spathidium spathula*
9	小单环栉毛虫 *Didinium balbianii*
10	钝漫游虫 *Litonotus obtusus*
11	僧帽肾形虫 *Colpoda cucullus*
12	河流斜管虫 *Chilodonella fluviatilis*
13	多核草履虫 *Paramecium multimicronucleatum*
14	尖前口虫 *Frontonia acuminata*
15	杯环睫纤虫 *Ophrydium versatile*
16	沟钟虫 *Vorticella convallaria*
17	似钟虫 *Vorticella similis*
18	小盖虫 *Opercularia minima*
19	旋回侠盗虫 *Strobilidium gyrans*
20	锐利盾纤虫 *Aspidisca lvnceus*
21	盘状游仆虫 *Euplotes patella*
22	纤毛虫 *Ciliate*

续 表

	轮虫 Rotifera
1	东方角突臂尾轮虫 *Brachionus angularis orientalis*
2	矩形臂尾轮虫 *Brachionus leydigi*
3	方形臂尾轮虫 *Brachionus quadridentatus*
4	前节晶囊轮虫 *Asplanchna priodonta*
5	短棘螺形龟甲轮虫 *Keratella cochlearis micracantha*
6	曲腿龟甲轮虫 *Keratella valga*
7	十指平甲轮虫 *Platyas militaris*
8	唇形叶轮虫 *Notholca labis*
9	大肚须足轮虫 *Euchlanis dilatata*
10	囊形单趾轮虫 *Monostyla bulla*
11	长三肢轮虫 *Filinia longiseta*
12	端生三肢轮虫 *Filinia terminalis*
13	长肢多肢轮虫 *Polyarthra dolichoptera*
14	广布多肢轮虫 *Polyarthra vnlgaris*
15	真翅多肢轮虫 *Polyarthra euryptera*
16	月形腔轮虫 *Lecane luna*
17	鳞状叶轮虫 *Notholca squamula*
18	郝氏皱甲轮虫 *Ploesoma hudsoni*
19	盘镜轮虫 *Testudinella patina*
20	独角聚花轮虫 *Conochilus unicornis*
21	长足轮虫 *Rotaria neptunia*
	枝角类 Cladocera
1	晶莹仙达溞 *Sida crystallina*
2	短尾秀体溞 *Diaphanosoma brachyurum*
3	僧帽溞 *Daphnia cucullata*
4	蚤状溞 *Daphnia pulex*
5	锯顶低额溞 *Simocephalus serrulatus*
6	方形网纹溞 *Ceriodaphnia quadrangula*

续 表

7	壳纹船卵溞 *Scapholeberis kingi*
8	近亲裸腹溞 *Moina affinis*
9	简弧象鼻溞 *Bosmina coregoni*
10	长额象鼻溞 *Bosmina（Bosmina）longirostris*
11	颈沟基合溞 *Bosminopsis deitersi*
12	圆形盘肠溞 *Chydorus sphaericus*
13	近亲尖额溞 *Alona affini*
14	萨氏矩形溞 *Coronatella rectangula*
	桡足类 Copepoda
1	舌状叶镖水蚤 *Phyllodiaptomus tunguidus*
2	猛水蚤桡足幼体 *Harpacticoida*
3	锯缘真剑水蚤 *Eucyclops serrulatus serrulatus*
4	绿色近剑水蚤 *Tropocyclops prasinus prasinus*
5	刘氏中剑水蚤 *Mesocyclops leuckarti*
6	透明温剑水蚤 *Thermocyclops hyalinus*
7	哲水蚤桡足幼体 *Canaloida Copepodid*
8	剑水蚤桡足幼体 *Cyclopoida Copepodid*
9	无节幼体 *Nauplius*

云南小湖泊浮游动物密度在 80.2～2581.6 个/L 之间，其中，月湖和属都湖的密度最低，青海湖和大屯海的密度最高。浮游动物以原生动物为最高，轮虫次之，枝角类再次之，桡足类最少。碧塔海、大屯海、拉市海、纳帕海和普者黑在定量样品中均未检测到枝角类，普者黑没有检测到桡足类。

5.4 大型水生植物特征

调查结果表明，云南省天然小湖泊共有大型水生植物 67 种，隶属 31 科 42 属，其中包括蕨类植物 1 种，占 1.5%；单子叶植物 52 种，占 77.6%；双子叶植物 13 种，占 19.4%；以及轮藻类门水生植物 1 类。在调查的所有小湖泊中，沉水植物 20 种，占 29.9%，分属于轮藻科、眼子菜科、茨藻科和水鳖科等 9 科；浮叶植物 6 种，占 9.0%，分属于龙胆科、菱科、睡莲科、蓼科和眼子菜科;漂浮植物5种,占7.5%,分属于天南星科、雨久花科、浮萍科、水鳖科和满江红科;挺水植物36种,占53.6%,分属于禾本科、雨久花科、泽泻科、天南星科和莎草科等12科。由此可见,天然小湖泊的水生植物调查中,单子叶植物种类数目占绝对优势,超过80%,双子叶植物种类仅占17.9%;挺水植物种类略占优势,超过总种数的一半;其次为沉水植物,浮叶植物和漂浮植物较少。在调查得到的所有大型水生植物中,以眼子菜科、小二仙科、茨藻科、轮藻科和蓼科的几种植物分布较广,具体包括穿叶眼子菜、竹叶眼子菜、篦齿眼子菜、大茨藻、穗状狐尾藻、轮藻类和水蓼等。

5.5 底栖动物特征

5.5.1 滇南地区湖泊

在滇南地区的五个湖泊中采集到大型无脊椎动物23属种,隶属于3门4纲7科。其中寡毛类环节动物8种,占34.8%;软体动物9种,占39.1%;水生昆虫5种,占21.7%;其他动物如蛭类和甲壳类1种,占4.4%。就不同的湖泊而言(图5-6),普者黑的种类最为丰富,有18种;摆龙湖仅采集到了2种水生昆虫;其他湖泊亦较少,如长桥海有8种,大屯海和三角海均采集到5种。

在滇南地区的五个湖泊中,底栖动物平均密度为161.9 ind./m^2,其中寡毛类为76.0 ind./m^2,占总密度的46.9%;软体动物为40.3 ind./m^2,占总密度的24.9%;水生昆虫为44.5 ind./m^2,占27.5%。在这五个湖泊中(图5-6),普者黑的底栖动物密度最高,达到428 ind./m^2;大屯海亦较高,有208 ind./m^2;其他三个湖泊均较低,如摆龙湖仅为16 ind./m^2。底栖动物平均生物量为16.62 g/m^2,其中软体动物占优势,生物量达10.99 g/m^2,占66.1%;其次为甲壳类占33.4%,就不同湖泊而言,由于长桥海、大屯海和普者黑均采集到了软体动物,所以生物量较高,分别为43.68 g/m^2、12.76 g/m^{2}和26.63 g/m^2,其中软体动物分别占各自底栖动物总生物量的36.5%、98.7%和99.2%。

5 结 论

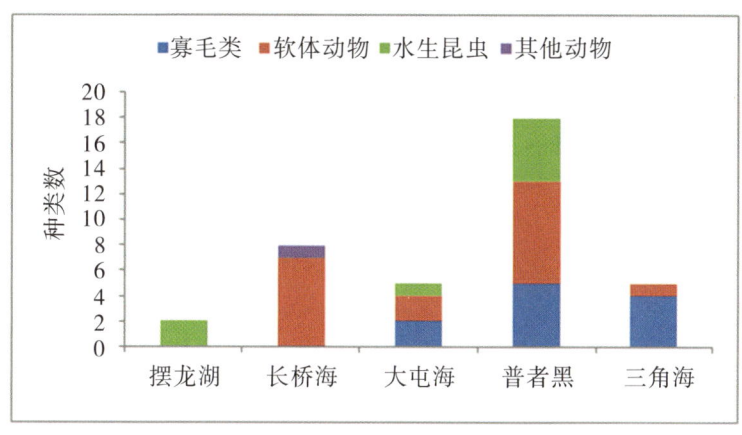

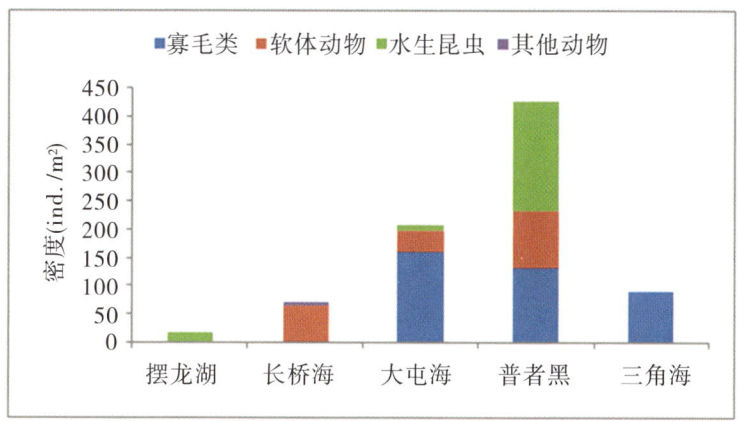

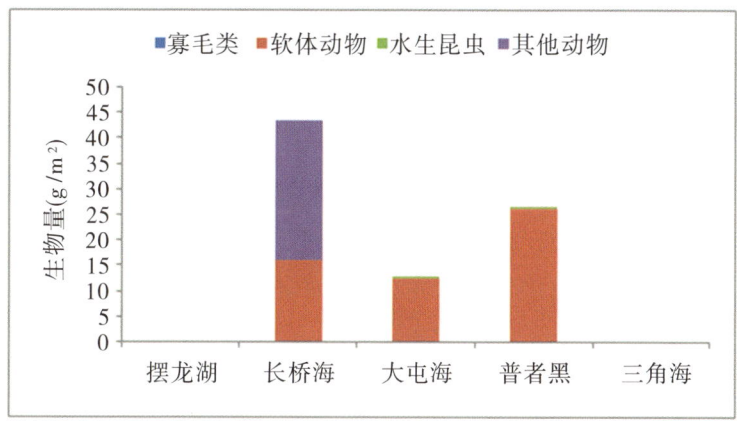

图 5-6 滇南地区各湖泊底栖动物种类数、密度和生物量

5.5.2 滇中地区湖泊

在滇中地区的四个湖泊中采集到大型无脊椎动物 24 属种，隶属于 3 门 4 纲 7 科。其中寡毛类环节动物 7 种，占 29.2%；软体动物 8 种，占 33.3%；水生昆虫 6 种，占 25.0%；其他动物如蛭类和甲壳类 3 种，占 12.5%。就不同的湖泊而言（图 5-7），月湖

的种类最为丰富，有 11 种，而长湖仅采集到了 4 种，海峰湿地和清水海均采集到了 8 种底栖动物。

在滇中地区的四个湖泊中，底栖动物平均密度为 265.7 ind./m^2，其中寡毛类为 164.0 ind./m^2，占总密度的 61.7%；软体动物为 56.3 ind./m^2，占总密度的 21.2%；水生昆虫为 40.3 ind./m^2，占 15.2%。在这四个湖泊中（图 5-7），清水海的底栖动物密度最高，达到 744.0 ind./m^2，寡毛类占绝对优势；其他三个湖泊差异不大。底栖动物平均生物量为 43.92 g/m^2，其中软体动物占优势，生物量达 42.94 g/m^2，占 97.8%。就不同湖泊而言，由于海峰湿地、清水海和月湖均采集到了软体动物，所以生物量较高，分别为 35.03 g/m^2、55.19 g/m^2 和 84.77 g/m^2，其中软体动物分别占各自底栖动物总生物量的 99.9%、94.5% 和 99.8%。

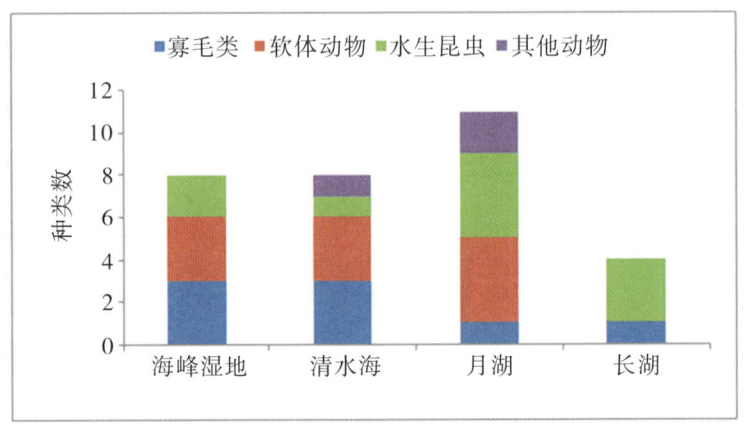

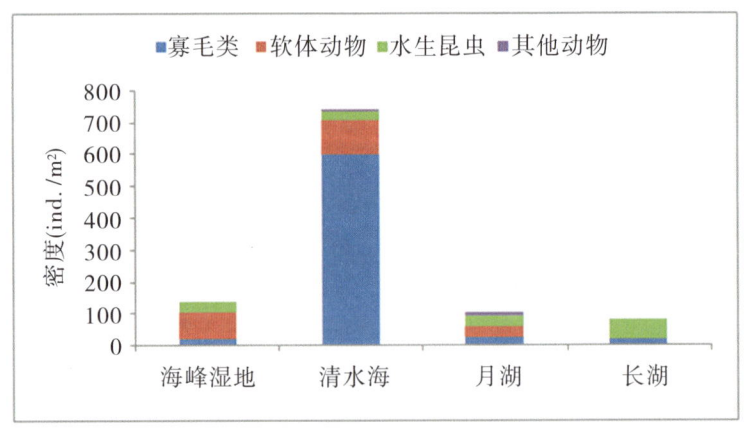

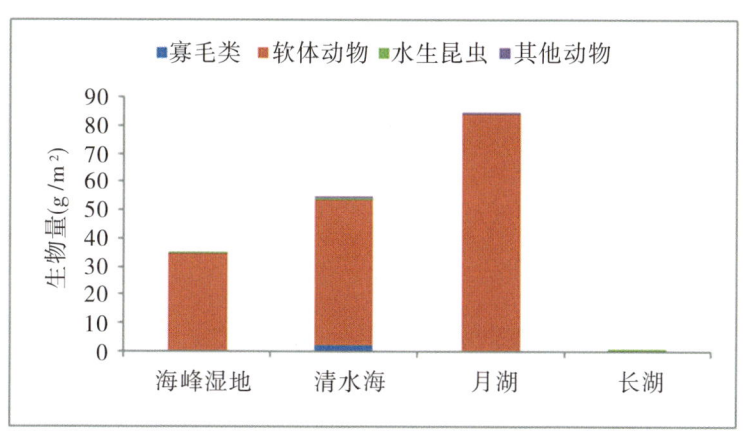

图 5-7 滇中地区各湖泊底栖动物种类数、密度和生物量

5.5.3 滇西北地区湖泊

在滇西北地区的三个湖泊中采集到大型无脊椎动物 18 属种，隶属于 3 门 4 纲 7 科。其中寡毛类环节动物和软体动物各 4 种，分别占 22.2%；水生昆虫 7 种，占 38.9%；其他动物如蛭类和甲壳类 3 种，占 16.7%。就不同的湖泊而言（图 5-8），碧塔海的种类最为丰富，有 12 种，而纳帕海和属都湖分别采到 6 种和 7 种。

在滇西北地区的三个湖泊中，底栖动物平均密度为 1217.1 ind./m^2，其中寡毛类为 1034.0 ind./m^2，占总密度的 85.0%；软体动物为 26.3 ind./m^2，占总密度的 2.2%；水生昆虫为 77.9 ind./m^2，占 6.4%。在这三个湖泊中（图 5-8），纳帕海的底栖动物密度最高，达到 3077.3 ind./m^2，其中寡毛类为 2997.3 ind./m^2，这个可能与该湖底质稳定、有机污染严重有关，其他两个湖泊较低，分别为 339.2 ind./m^2 和 234.7 ind./m^2。底栖动物平均生物量为 4.07 g/m^2，其中寡毛类占优势，占 55.7%；其次为甲壳类占 27.2%。就不同湖泊而言，由于纳帕海采集到大量寡毛类环节动物，所以生物量较高，为 6.97 g/m^2，其中寡毛类占底栖动物总生物量的 95.1%，而碧塔海底栖动物生物量为 3.96 g/m^2，甲壳类为优势，占 69.9%。

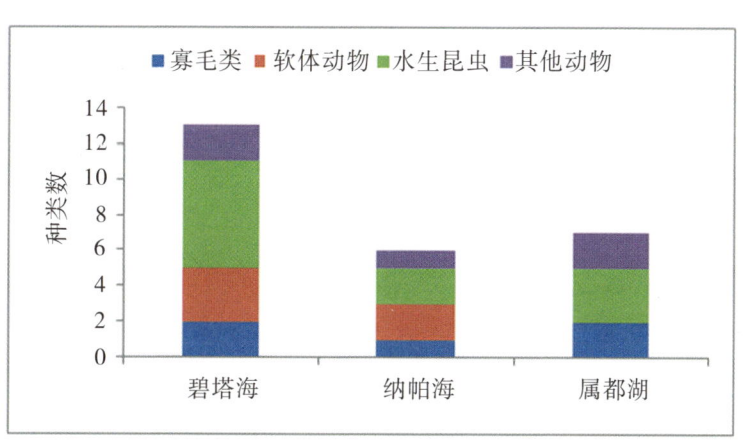

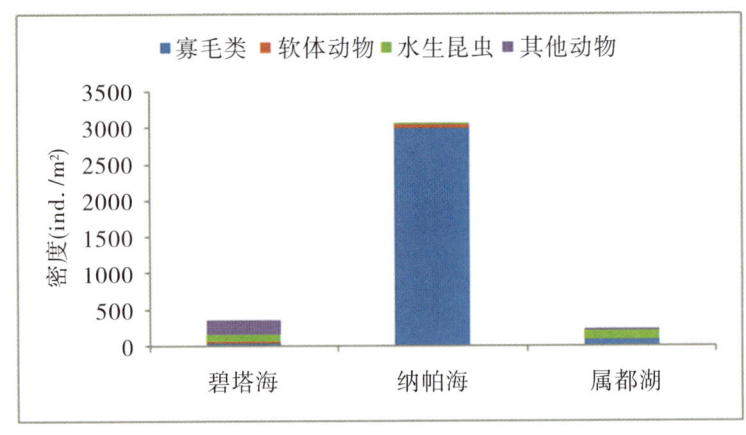

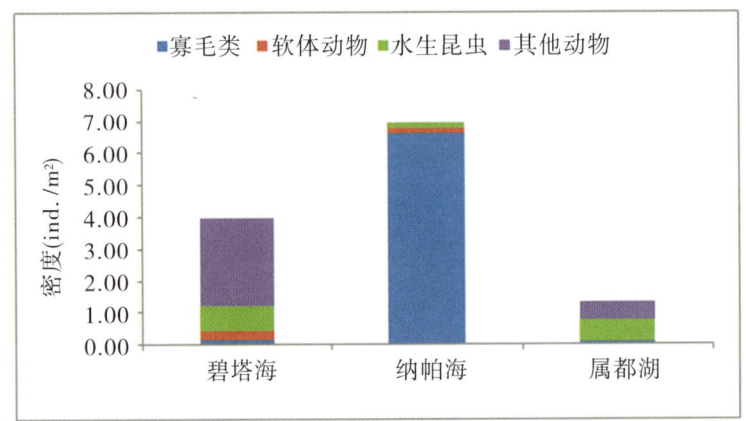

图 5-8 滇西北地区各湖泊底栖动物种类数、密度和生物量

5.5.4 滇西地区湖泊

在滇西地区的七个湖泊中采集到大型无脊椎动物 21 属种,隶属于 3 门 4 纲 9 科。其中寡毛类环节动物 8 种,占 38.1%;软体动物 6 种,占 28.6%;水生昆虫 7 种,占 33.3%;未采集到其他动物如蛭类和甲壳类。就不同的湖泊而言(图 5-9),茈碧湖、海西海、剑湖和草海湿地的种类较为丰富,有 8~10 种,而其他湖泊,如青海湖、天池和西湖仅采集到了 4~5 种。

在滇西地区的七个湖泊中,底栖动物平均密度为 420.8 ind./m²,其中寡毛类为 367.2 ind./m²,占总密度的 87.3%;软体动物为 15.2 ind./m²,占总密度的 3.6%;水生昆虫为 38.3 ind./m²,占 9.1%。在这七个湖泊中(图 5-9),剑湖的底栖动物密度最高,达到 1784.0 ind./m²,主要是出现了大量水丝蚓,占绝对优势;茈碧湖和草海湿地亦较高,分别达到 424.0 ind./m² 和 277.3 ind./m²,其他四个湖泊均较低,如天池仅为 80.0 ind./m²。底栖动物平均生物量为 8.88 g/m²,其中软体动物占优势,生物量达 7.65 g/m²,占 86.1%。就不同湖泊而言,由于剑湖和西湖均采集到了软体动物,所以生物量较高,分别为 26.10 g/m² 和 27.99 g/m²，其中软体动物分别占各自底栖动物总生物量的 87.4% 和 98.4%，其他湖泊底栖动物的生物量均较低。

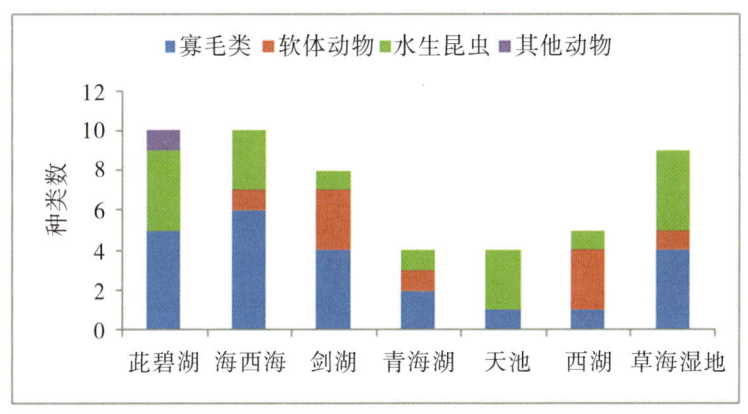

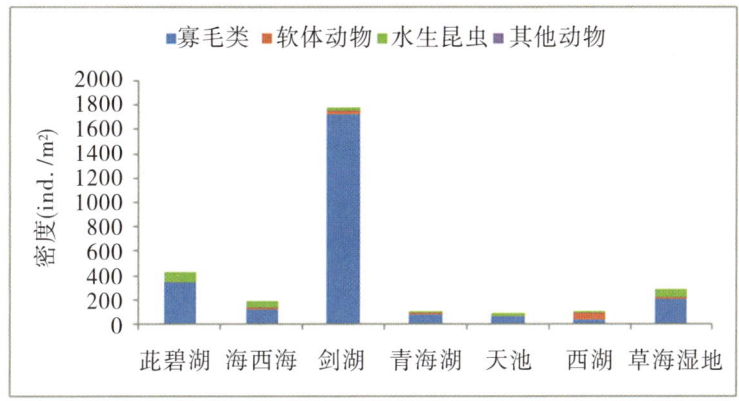

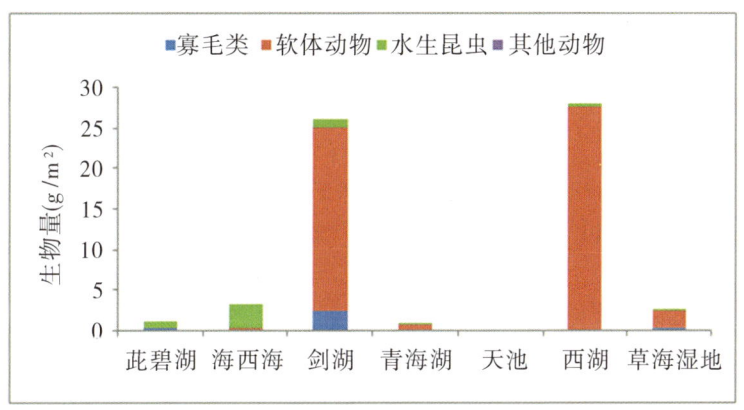

图 5-9 滇西地区各湖泊底栖动物种类数、密度和生物量

5.5.5 不同区域比较

在云南的十九个小型湖泊中采集到大型无脊椎动物 51 属种，隶属于 3 门 6 纲 25 科。

其中寡毛类环节动物 12 种，占 23.5%；软体动物 19 种，占 37.3%；水生昆虫 13 种，占 25.5%；其他动物如蛭类和甲壳类 7 种，占 13.7%。比较四个不同区域，底栖动物总种类数上差异不大，仅滇西北较少，这可能与该区域采集标本的湖泊较少有关。就密度而言，滇西北的湖泊最高，均值达到 1217.1 ind./m^2，主要因为纳帕海中，寡毛类环节动物中的霍甫水丝蚓密度较高达到 2997.3 ind./m^2，说明该湖泊底质以淤泥为主，且有机污染严重。就生物量而言，主要受软体动物的量支配，如滇中地区和滇南地区较高。

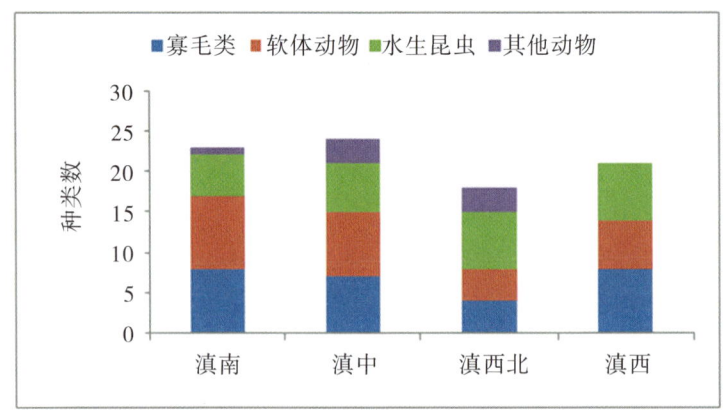

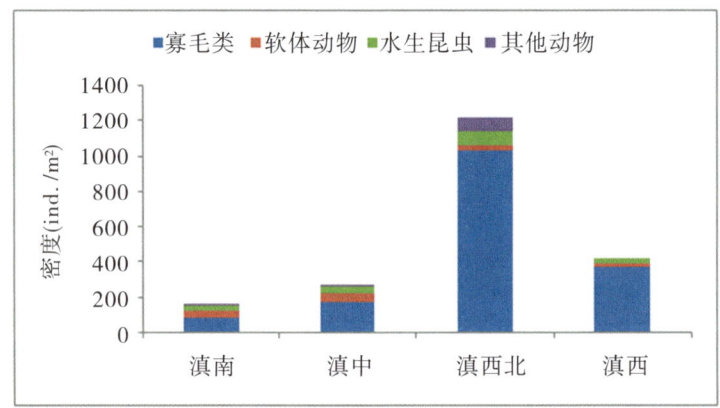

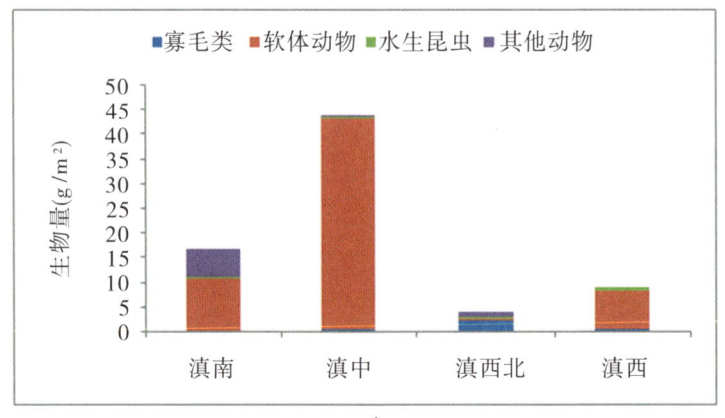

图 5-10　云南不同区域湖泊底栖动物种类数、密度和生物量比较

附 录

附表1 云南省1km²以上天然湖泊（不含九大高原湖泊）大型水生植物名录

序号	中文名	拉丁名	所属科	属	生活型	分布湖泊
1	穿叶眼子菜	*Potamogeton perfoliatus*	眼子菜科	眼子菜属	沉水	长桥海、茈碧湖、普者黑、月湖、海峰湿地、青海湖、草海、拉市海、清水海
2	篦齿眼子菜	*Potamogeton pectinatus*	眼子菜科	眼子菜属	沉水	大屯海、海峰湿地、青海湖、海西海、草海、拉市海、清水海、纳帕海
3	竹叶眼子菜	*Potamogeton malaianus*	眼子菜科	眼子菜属	沉水	大屯海、茈碧湖、普者黑、长湖、月湖、海峰湿地、青海湖、剑湖、海西海、西湖、草海、拉市海、清水海
4	菹草	*Potamogeton crispus*	眼子菜科	眼子菜属	沉水	茈碧湖、长湖、月湖、天池、海西海、拉市海
5	光叶眼子菜	*Potamogeton lucens*	眼子菜科	眼子菜属	沉水	草海、属都湖、碧塔海
6	微齿眼子菜	*Potamogeton maackianus*	眼子菜科	眼子菜属	沉水	月湖、海峰湿地、剑湖、西湖、拉市海、清水海
7	小叶眼子菜	*Potamogeton pusillus*	眼子菜科	眼子菜属	沉水	碧塔海

续 表

序号	中文名	拉丁名	所属科	属	生活型	分布湖泊
8	黄花狸藻	*Utricularia aura*	狸藻科	狸藻属	沉水	纳帕海
9	大茨藻	*Najas marina*	茨藻科	茨藻属	沉水	大屯海、差黑海、普者黑、月湖、海峰湿地、此碧湖、海西海、拉市海、清水海
10	草茨藻	*Najas graminea*	茨藻科	茨藻属	沉水	差黑海、普者黑、长湖、月湖、拉市海、清水海
11	穗状狐尾藻	*Myriophyllum spicatum*	小二仙草科	狐尾藻属	沉水	长桥海、普者黑、月湖、海峰湿地、青海湖、天池、剑湖、此碧湖、海西海、西湖、拉市海、清水海、纳帕海、碧塔海
12	粉绿狐尾藻	*Myriophyllum aquaticum*	小二仙草科	狐尾藻属	沉水(或挺水)	此碧湖
13	苦草	*Vallisneria natans*	水鳖科	苦草属	沉水	普者黑
14	黑藻	*Hydrilla verticillata*	水鳖科	黑藻属	沉水	长桥海、普者黑、长湖、月湖、剑湖、海西海、西湖、拉市海、清水海
15	海菜花	*Ottelia acuminata*	水鳖科	水车前属	沉水	海峰湿地、普者黑、此碧湖、草海、拉市海
16	伊乐藻	*Elodea nuttallii*	水鳖科	伊乐藻属	沉水	草海
17	水毛茛	*Batrachium bungei* var. *bungei*	毛茛科	水毛茛属	沉水	草海、拉市海、纳帕海
18	金鱼藻	*Ceratophyllum demersum*	金鱼藻科	金鱼藻属	沉水	青海湖、剑湖、海西海、西湖、长湖、草海、拉市海
19	轮藻类	*Charophyta*	轮藻科	—	沉水	大屯海、差黑海、普者黑、长湖、月湖、海峰湿地、青海湖、海西海、西湖、草海、拉市海、清水海

续 表

序号	中文名	拉丁名	所属科	属	生活型	分布湖泊
20	杉叶藻	Hippuris vulgaris	杉叶藻科	安息香属	沉水(或挺水)	拉市海、纳帕海、属都湖、碧塔海
21	黄花荇菜	Nymphoides peltatum	龙胆科	荇菜属	浮叶	海峰湿地、青海湖、此碧湖、西湖、草海
22	金银莲花	Nymphoides indica	龙胆科	荇菜属	浮叶	普者黑
23	野菱	Trapa incisa	菱科	菱属	浮叶	剑湖、西湖、草海
24	睡莲	Nymphaea tetragona	睡莲科	睡莲属	浮叶	此碧湖、西湖、草海
25	两栖蓼	Polygonum amphibium	蓼科	蓼属	浮叶	西湖、拉市海、纳帕海
26	浮叶眼子菜	Potamogeton natans	眼子菜科	眼子菜属	浮叶	差黑海、长湖、海峰湿地、青海湖、草海、文海、纳帕海
27	大漂	Pistia stratiotes	天南星科	大漂属	漂浮	长桥海、大屯海
28	凤眼莲	Eichhornia crassipes	雨久花科	凤眼莲属	漂浮	长桥海、大屯海、普者黑、剑湖、西湖
29	浮萍	Lemna minor	浮萍科	浮萍属	漂浮	西湖
30	满江红	Azolla imbricata	满江红科	满江红属	漂浮	西湖
31	水鳖	Hydrocharis dubia	水鳖科	水鳖属	漂浮	西湖
32	菰	Zizania latifolia	禾本科	菰属	挺水	长桥海、普者黑、海峰湿地、剑湖、此碧湖、西湖、草海、拉市海、纳帕海
33	芦苇	Phragmites australis	禾本科	芦苇属	挺水	大屯海、差黑海、普者黑、长湖、此碧湖、西湖、草海、拉市海
34	长芒野稗	Echinochloa crusgalli var. caudata	禾本科	稗属	挺水	西湖、草海

续表

序号	中文名	拉丁名	所属科	属	生活型	分布湖泊
35	稗	Echinochloa crusgalli	禾本科	稗属	挺水	月湖、草海
36	光头稗	Echinochloa colonum	禾本科	稗属	挺水	茈碧海
37	五节芒	Miscanthus floridulu	禾本科	芒属	挺水	普者黑、青海湖、莲花湖
38	蓝花梭鱼草	Pontederia cordata	雨久花科	梭鱼草属	挺水	普者黑
39	白花梭鱼草	Pontederia cordata var. alba	雨久花科	梭鱼草属	挺水	普者黑、草海
40	莲	Nelumbo nucifera	睡莲科	莲属	挺水	普者黑、海峰湿地、青海湖、西湖、草海
41	慈姑	Sagittaria sagittifolia	泽泻科	慈姑属	挺水	普者黑
42	野慈姑	Sagittaria trifolia var. trifolia	泽泻科	慈姑属	挺水	茈碧湖、草海
43	小慈姑	Sagittaria potamogetifolia	泽泻科	慈姑属	挺水	海峰湿地
44	再力花	Thalia dealbata	竹芋科	塔利亚属	挺水	普者黑、月湖
45	香蒲	Typha orientalis	香蒲科	香蒲属	挺水	大屯海、普者黑、长湖、海峰湿地、西湖
46	菖蒲	Acorus calamus var. calamus	天南星科	菖蒲属	挺水	长湖
47	芋	Calla esculenta	天南星科	芋属	挺水	普者黑
48	野芋	Colocasia antiquorum	天南星科	芋属	挺水	草海
49	鸢尾	Iris tectorum	鸢尾科	鸢尾属	挺水	长湖、西湖
50	旱伞草	Cyperus alternifolius	莎草科	莎草属	挺水	西湖
51	纸莎草	Cyperus papyrus	莎草科	莎草属	挺水	普者黑、西湖、草海
52	异型莎草	Cyperus difformis	莎草科	莎草属	挺水	茈碧海

续 表

序号	中文名	拉丁名	所属科	属	生活型	分布湖泊
53	球穗莎草	Cyperus glomeratus	莎草科	莎草属	挺水	差黑海
54	香附子	Cyperus rotundus	莎草科	莎草属	挺水	青海湖
55	水莎草	Juncellus serotinus	莎草科	水莎草属	挺水	长湖
56	萤蔺	Scirpus juncoides	莎草科	萤蔺属	挺水	普者黑
57	荸荠	Eleocharis dulcis	莎草科	荸荠属	挺水	海峰湿地、属都湖
58	具刚毛荸荠	Eleocharis valleculosa var. setosa	莎草科	荸荠属	挺水	拉市海
59	牛毛毡	Heleocharis yokoscensis	莎草科	荸荠属	挺水	海峰湿地
60	水葱	Schoenoplectus tabernaemontani	莎草科	藨草属	挺水	普者黑、海峰湿地、拉市海、纳帕海
61	水毛花	Scirpus triangulatus	莎草科	藨草属	挺水	普者黑、长湖、月湖、海峰湿地、草海
62	荆三棱	Scirpus yagara	莎草科	藨草属	挺水	长桥海
63	二歧飘拂草	Fimbristylis dichotoma	莎草科	飘拂草属	挺水	差黑海
64	水蓼	Polygonum hydropiper	蓼科	蓼属	挺水	大屯海、差黑海、长湖、青海湖、摆龙湖、海西海、西湖、草海、拉市海、清水海、连花湖、纳帕海
65	丛枝蓼	Polygonum caespitosum	蓼科	蓼属	挺水	文海
66	美人蕉	Canna indica	美人蕉科	美人蕉属	挺水	西湖
67	野灯心草	Juncus setchuensis	灯心草科	灯心草属	挺水	青海湖

附录2 云南省1km²以上天然湖泊（不含九大高原湖泊）底栖动物名录

序号	种类 taxa	滇南						滇中			滇西									
		摆龙湖	长桥海	大屯海	普者黑	三角海	海峰湿地	清水海	月湖	长湖	碧塔海	纳帕海	属都湖	比碧湖	海西海	剑湖	青海湖	天池	西湖	草海湿地
	环节动物门 Annelida																			
	寡毛纲 Oligochaeta																			
	仙女虫科 Naididae																			
1	指鳃尾盘虫 Dero digitata										+									
	颤蚓科 Tubificidae																			
2	湖沼管水蚓 Aulodrilus limnobius						+								+					
3	多毛管水蚓 Aulodrilus pluriseta					+					+									
4	坦氏泥蚓 Ilyodrilus templetoni									+										
5	水丝蚓属 Limnodrilus sp.			+				+							+	+	+			+
6	霍甫水丝蚓 L. hoffmeisteri			+	+		+							+		+				+
7	巨毛水丝蚓 L. grandisetosus				+	+														
8	奥特开水丝蚓 L. udekemianus			+											+	+				
9	正颤蚓 Tubifex tubifex				+	+														
10	颤蚓属 Tubifex sp.			+				+					+	+	+		+		+	+
11	河蚓属 Rhyacodrilus sp.														+			+		
12	苏氏尾鳃蚓 Branchiura sowerbyi			+	+			+						+	+	+	+			+

续表

序号	种类 taxa	滇南							滇中			滇西									
		摆龙湖	长桥海	大屯海	普者黑	三角海	海峰湿地	清水海	月湖	长湖	碧塔海	纳帕海	属都湖	比碧湖	海西海	剑湖	青海湖	天池	西湖	草海湿地
	蛭纲																			
	舌蛭科 Glossiphoniidae																			
13	舌蛭属 Glossiphonia sp.											+								
14	泽蛭属 Helobdella sp.												+							
	扁蛭科 Glossiphoniidae																			
15	扁蛭属 Glossiphonia sp.								+											
	医蛭科 Hirudinidae																			
16	牛蛭属 Poecilobdella sp.		+																	
	软体动物门 Mollusca																			
	腹足纲 Gastropod																			
	田螺科 Viviparidae																			
17	圆田螺属 Cipangopaludina sp.						+		+											
18	环棱螺属 Bellamya sp.			+	+											+				
	豆螺科 Bithyniidae																			
19	豆螺属 Bithynia sp.				+															
20	纹沼螺 Parafossarulus striatulus		+	+	+			+												

续表

序号	种类 taxa	滇南						滇中			滇西										
		摆龙湖	长桥海	大屯海	普者黑	三角海	海峰湿地	清水海	月湖	长湖	碧塔海	纳帕海	属都湖	比碧湖	海西海	剑湖	青海湖	天池	西湖	草海湿地
21	长角涵螺 Alocinma longicornis						+	+								+			+	+
22	瓶螺科 Pilaidae																			
	瓶螺属 Pila sp.								+											
23	椎实螺科 Lymmaeidae				+															
	椎实螺属 Lymnaea sp.						+		+											
24	萝卜螺属 Radix sp.		+		+															
25	卵萝卜螺 Radix ovate		+	+							+						+			
26	微红萝卜螺 Radix rubiginosa		+													+				
27	椭圆萝卜螺 Radix swinhoei											+			+					
28	肋蜷科 Plenroseridae																			
	短沟蜷属 Semisulcospira sp.				+															
29	膀胱螺科 Physidae					+														
	膀胱螺属 Physa sp.								+											
30	扁蜷螺科 Planorbidae										+	+								
	圆扁螺属 Hippeutis sp.																			
31	扁卷螺科 Planorbidae																		+	

续表

序号	种类 taxa	滇南				滇中					滇西						青海湖	天池	西湖	草海湿地
		摆龙湖	长桥海	大屯海	普者黑	三角海	海峰湿地	清水海	月湖	长湖	碧塔海	纳帕海	属都湖	比碧湖	海西海	剑湖				
	觿螺科 Hydrobiidae																			
32	雕石螺属 Lithoglyphopsis sp.		+		+															
33	大仿雕石螺 L. grandis		+		+															
	瓣鳃纲 Lamellibranchia																			
	球蚬科 Sphaeriidae																			
34	湖球蚬 Sphaerium lacustre															+				
	蚬科 Corbiculidae																			
35	河蚬 Corbicula fluminea										+									
	节肢动物门 Arthropoda																			
	甲壳纲 Crustacea																			
	端足目 Amphipoda																			
	钩虾科 Gammaridae																			
36	钩虾属 Gammarus sp.										+	+	+	+						
	匙指虾科 Atyidae																			
37	匙指虾科一属种 Atyidae sp.							+												
	长臂虾科 Palaemonidae																			

云南1平方千米以上天然湖泊的初步调查

续 表

序号	种类 taxa	滇南						滇中			滇西									
		摆龙湖	长桥海	大屯海	普者黑	三角海	海峰湿地	清水海	月湖	长湖	碧塔海	纳帕海	属都湖	茈碧湖	海西海	剑湖	青海湖	天池	西湖	草海湿地
38	长臂虾科属种 Palaemonidae sp.																			
	昆虫纲 Insecta																			
	双翅目 Diptera																			
	摇蚊科 Chironomidae																			
39	摇蚊属 Chironomus sp.	+			+				+		+		+			+	+	+		+
40	多足摇蚊 Polypedilum sp.	+		+	+		+		+	+										+
41	前突摇蚊属 Procladius sp.				+			+			+		+	+	+		+	+		
42	长跗摇蚊 Tanytarsus sp.				+				+											
43	长足摇蚊属 Tanypus sp.				+								+							
44	小摇蚊属 Microchironomus sp.													+	+			+		
45	弯铁摇蚊属 Cryptotendipes sp.										+									
	蜻蜓目 Odonata																			
	蟌科 Coenagrionidae																			
46	蟌 Caenagrion sp.									+					+				+	
	蜻科 Libellulidae																			
47	黄蜻 Pantala sp.								+	+										

续 表

序号	种类 Taxa	滇南					滇中				滇西										
		摆龙湖	长桥海	大屯海	普者黑	三角海	海峰湿地	清水海	月湖	长湖	碧塔海	纳帕海	属都湖	比碧湖	海西海	剑湖	青海湖	天池	西湖	草海湿地
	半翅目 Hemiptera																			
48	仰游蝽科 Notonectidae											+								
49	负子蝽科 Belostomatidae										+									
50	划蝽科 Corixidae										+									
	鞘翅目 Coleoptera																			
51	龙虱科 Dytiscidae																			+
	合计 Total	2	8	5	18	5	8	8	11	4	13	6	7	10	10	8	4	4	5	9

附录3 云南省1km² 以上天然湖泊（不含九大高原湖泊）鱼类资源量评估简表

名称	回声信号数	优势种	平均目标强度（dB）	平均体长（cm）	数量密度（ind./m³）	鱼类数量（ind.）	鱼类资源量（t）
属都湖	2054	鲤鱼、鲫鱼	-51.04±0.05	17.6	0.05	125000	6.25
碧塔海	5015	中甸叶须鱼	-48.08±0.05	15.8	0.04	239400	6.68
海西海	6499	鲤鱼、鲫鱼、银鱼	-48.15±0.05	15.0	0.07	3031000	27.35
茈碧湖	3266	鲫鱼、银鱼	-48.01±0.05	18.3	0.01	861300	18.83
天池	15846	鲤鱼、草鱼、鳙鱼	-47.05±0.05	31.4	0.12	1213800	146.86
剑湖	12877	鲤鱼、草鱼、鲢鱼、鳙鱼	-47.97±0.05	32.0	0.1	2242800	409.56
清水海	7166	鲤鱼、鲫鱼、草鱼	-48.73±0.05	20.3	0.03	533500	137.45
三角海	18076	鲢鱼、鳙鱼、鲫鱼、罗非鱼	-46.68±0.05	35.6	0.14	1398600	797.2
大屯海	10875	罗非鱼、鲫鱼	-50.13±0.05	16.2	0.09	109200	98.28
长桥海	8952	罗非鱼、鲫鱼、乌鳢	-50.56±0.05	15.5	0.08	1590000	127.29
摆龙湖	2532	鲢鱼、草鱼	-49.16±0.05	41.5	0.01	316000	147.41